Biblioteca
Walter Riso

MANUAL PARA NO MORIR DE AMOR

Diez principios de supervivencia afectiva

WALTER RISO

MANUAL PARA NO MORIR DE AMOR

Diez principios de supervivencia afectiva

OCEANO

Diseño de portada: Leonel Sagahón / Jazbeck Gámez

MANUAL PARA NO MORIR DE AMOR
Diez principios de supervivencia afectiva

© 2010, 2012, Walter Riso
c/o Guillermo Schavelzon & Asociados Agencia Literaria
www.schavelzon.com

D. R. © Editorial Océano de México, S.A. de C.V.
Blvd. Manuel Ávila Camacho 76, 10º piso
Col. Lomas de Chapultepec
Miguel Hidalgo, C.P. 11000, México, D.F.
Tel. (55) 9178 5100 • info@oceano.com.mx

Para su comercialización exclusiva en México, países de Centroamérica
y del Caribe, Estados Unidos y Puerto Rico.

Primera edición en Océano: 2012

ISBN: 978-607-400-735-0

Impreso en México / Printed in Mexico

Para Ana María y Sandra,
a la niñez que compartimos,
a la vida que transitamos,
al querer que no se agota.

Se entró de tarde en el río,
la sacó muerta el doctor;
dicen que murió de frío:
yo sé que murió de amor.

JOSÉ MARTÍ

No es que muera de amor, muero de ti.
Muero de ti, amor, de amor de ti,
de urgencia mía de mi piel de ti,
de mi alma de ti y de mi boca,
y del insoportable que yo soy sin ti.

JAIME SABINES

Índice

Introducción

"Morir de amor, despacio y en silencio", canta Miguel Bosé. Y no es solo ficción ni entretenimiento musical, es realidad pura y dura. Para muchos, el amor es una carga, un dulce e inevitable dolor o una cruz que deben llevar a cuestas porque no saben, no pueden o no quieren amar de una manera más saludable e inteligente. Hay quienes se quitan la vida o se la quitan a su pareja, y están los que se agotan y van secándose como un árbol en la mitad del desierto, porque el amor les pide demasiado. ¿Para qué un amor así? Ésa es la verdad: no todo el mundo se fortalece y desarrolla su potencial humano con el amor; muchos se debilitan y dejan de ser ellos mismos en el afán de mantener una relación tan irracional como angustiante. Hay que vivir el amor y no morir por su culpa. Amar no es un acto masoquista donde te pierdes a ti mismo bajo el yugo de alguna obligación impuesta desde fuera o desde dentro.

Morir de amor no es irremediable, como dicen algunos románticos desaforados. Las relaciones afectivas que valen la pena y alegran nuestra existencia transitan un punto medio entre la esquizofrenia (el amor es todo "locura") y la sanación esotérica (el amor todo "lo cura"). Amor terrestre, que vuela bajito, pero vuela. Coincidir con una persona, mental y emocionalmente, es una suerte, una sintonía asombrosa y casi siempre inexplicable. Aristóteles decía que amar es alegrarse, pero también es sorprenderse y quedar atónito ante un *clic* que se produce con alguien que no estaba en tus planes. De ahí la pregunta típica de un enamorado a otro: "¿Dónde estabas antes de encontrarte?" o "¿Cómo puedes haber existido sin yo saberlo?". Amar es vivir más y mejor, si el amor no es enfermizo ni retorcido. En el amor sano, no cabe la resignación ni el martirio, y si tienes que anularte o destruirte para que tu pareja sea feliz, estás con la persona equivocada.

Para amar no hay que "morir de amor", sufrir, desvanecerse, perder el norte, ser uno con el otro o perder la identidad: eso es *intoxicación afectiva*. Cuando confundimos el enamoramiento con el amor, justificamos el sufrimiento afectivo o su conmoción/arrebato/agitación y terminamos enredados en relaciones negativas que nos amargan la vida, porque erróneamente pensamos que "así es el amor". A veces, en la terapia, me encuentro con parejas tan incompatibles que me pregunto cómo diablos llegaron a estar juntos. ¿Acaso estaban ciegos? Y la respuesta es que, en cierto sentido, sí lo estaban. No una ceguera física, sino emocional: el sentimiento decidió por ellos y los arrastró como un río fuera de cauce. El amor tiene una inercia que te puede llevar a cualquier sitio, si no intervienes y ejerces tu influencia.

Morir de amor, asimismo, es morir de desamor: el rechazo, el insoportable juego de la incertidumbre y de no saber si te quieren de verdad, la espera, el imposible o el "no" que llega como un cubetazo de agua fría. Es humillarse, rogar, suplicar, insistir y persistir más allá de toda lógica, esperar milagros, reencarnaciones, pases mágicos y cualquier cosa que restituya a la persona amada o la intensidad de un sentimiento que languidece o que ya se nos fue de las manos.

Infinidad de personas en el mundo se han quedado atrapadas en nichos emocionales a la espera de que su suerte cambie, sin ver que son ellas mismas quienes deben hacer su revolución afectiva. Cada quien reinventa el amor a su manera y de acuerdo con sus necesidades y creencias básicas, cada quien lo construye o lo destruye, lo disfruta o lo padece. Morir de amor no es un designio inevitable, una determinación biológica, social o cósmica: puedes establecer tus reglas y negarte a sufrir inútilmente. Ésa es la consigna.

¿Qué hacer entonces? ¿Es posible amar sin equivocarnos tanto y que el sufrimiento sea la excepción y no la regla? ¿Cómo amar sin morir en el intento y aun así disfrutarlo y sentir su irrevocable pasión?

En el presente libro he intentado plasmar algunos de los problemas que convierten el amor en un motivo de agonía y angustia y he contrapuesto a ellos una serie de *principios básicos de supervivencia afectiva,* los cuales proporcionan herramientas para *no* morir de amor y cambiar nuestra concepción del amor tradicional por una más renovada y saludable. Estos principios obran como esquemas de inmunidad o factores de protección.

Veamos de manera resumida estos problemas y qué principio oponer en cada caso.

1. Estás con alguien que no te quiere, te lo dice sin tapujos y no ve la hora de irse o de que te vayas. Pero tú sigues allí, esperando el milagro que no llega y soportando un rechazo que no te da respiro. Independientemente de la causa, la lectura del principio 1 te servirá de ayuda y reflexión: *si ya no te quieren, aprende a perder y retírate dignamente.*

2. Tienes a otra persona, la deseas y la amas. Sin darte cuenta, poco a poco, has construido una vida paralela que va mucho más allá que la aventura. Te preguntas todo el día qué hacer, aunque en realidad sí lo sabes, pero no sabes cómo: te falta valor. Tu sueño es reemplazar mágicamente a tu pareja por tu amante y que todo siga igual, como si nada hubiera pasado. Estás en un gran dilema que no te deja

vivir en paz. La lectura del principio 2 te servirá de ayuda y reflexión: *casarse con el amante es como echarle sal al postre.*

3. Vives en un martirio perpetuo: por querer resolver los problemas de tu pareja, te has olvidado de tu persona. Pero no sólo la ayudas e intentas sacarla adelante a cualquier costo, sino que utilizas una manera de sacrificarte absolutamente irracional: te opacas a propósito, para que ella, por contraste, brille más. Compensas negativamente y ocultas tus virtudes para que los déficits de tu pareja se disimulen o no se noten tanto. Practicas una curiosa forma de suicidio afectivo. La lectura del principio 3 te servirá de ayuda y reflexión: *evita el sacrificio irracional: no te anules para que tu pareja sea feliz.*

4. Te encuentras en una relación desesperante porque tu pareja es ambigua y duda hasta dónde quiere llegar contigo, ya que no está segura de sus sentimientos. Es el síndrome del "ni contigo, ni sin ti", del cual eres una víctima y no tienes la menor idea de cómo manejarlo. Tú pareja fluctúa entre el amor y el desamor, y tú saltas al compás de ella. La lectura del principio 4 te servirá de ayuda y reflexión: *¿ni contigo ni sin ti? ¡Corre lo más lejos posible!*

5. Sientes (y sabes) que el poder emocional o afectivo en la relación lo tiene tu pareja, es decir, ella puede prescindir de ti más fácilmente de lo que tú podrías prescindir de ella. Y en este forcejeo de fuerzas y debilidades, de apegos y desapegos, siempre estás por debajo; lo que te lleva a decir "sí", cuando quieres decir "no" o a acceder a cuestiones que no van contigo. ¿Todo esto por amor o por miedo a perder a la persona amada? La lectura del principio 5 te servirá de ayuda y reflexión: *el poder afectivo lo tiene quien necesita menos al otro.*

6. Tienes un amor enquistado, reciente o antiguo, que no puedes olvidar y no te deja establecer nuevas relaciones. Para quitarlo de tu mente y de tu corazón, pensaste que "un clavo saca otro" y has salido a buscar a alguien más "grande" y poderoso para que elimine al ex o a la ex de una vez. Desafortunadamente, no te ha dado resultado y el viejo amor sigue flotando en tu memoria emocional con la misma fuerza de siempre. La lectura del principio 6 te servirá de ayuda y reflexión: *no siempre un clavo saca a otro: a veces, los dos se quedan dentro.*

7. Tu relación actual es tan fría como distante. Tu pareja no expresa el amor como quisieras y necesitas. Sientes que te hace a un lado y que la indiferencia es la regla básica en la que se mueve el vínculo. La displicencia y los rechazos te duelen profundamente y afectan tu autoestima, pero no eres capaz de tomar decisiones. La lectura del principio 7 te servirá de ayuda y reflexión: *si el amor no se ve ni se siente, no existe o no te sirve.*

8. Has puesto a tu media naranja por las nubes. Piensas que estás con una persona supremamente especial, que apenas la mereces y sólo ves maravillas en ella. Idealizaste a tu pareja y te has apegado a esa imagen ilusoria que te impide ver su lado normal y humano. El problema es que en algún momento tendrás que aterrizar y es posible que no te guste lo que veas sin autoengaños ni disfraces. Quizás estés enamorada o enamorado de un espejismo creado por ti. La lectura del principio 8 te servirá de ayuda y reflexión: *no idealices al ser amado; míralo como es, crudamente y sin anestesia.*

9. Estás con alguien muy mayor o muy menor para tu edad, y eso, aunque intentes disimularlo, te genera cierta ansiedad

o preocupación. Sabes que con el tiempo la diferencia de edad se hace más marcada y no quieres convertirte en una persona celosa, harta o insegura. Aun así, prefieres no pensar en ello seriamente, porque temes malograr la dicha de vivir un amor como el que ahora sientes. De todas maneras, consciente o inconscientemente, te preguntas: ¿cuántos años me quedan de felicidad? La lectura del principio 9 te servirá de ayuda y reflexión: *el amor no tiene edad, pero los enamorados sí.*

10. Te separaste y andas a los tumbos. Has perdido tus puntos de referencia habituales, te sientes sola o solo y estás hasta la coronilla del amor. Además, juras que no volverás a tener a nadie y que los hombres o las mujeres son todos unos idiotas. En fin, tienes dificultades para aceptar una separación que todavía te duele y no eres capaz de empezar de nuevo. La lectura del principio 10 te servirá de ayuda y reflexión: *algunas separaciones son instructivas; te enseñan lo que no quieres saber del amor.*

Cada capítulo se ocupa de un principio concreto, donde se explicita a su vez una serie de premisas y corolarios que van completando el cuadro y sirven como guías. En el epílogo resumo un conjunto de máximas para llevar a la práctica, que se desprenden de los apartados anteriores.

El decálogo sugerido aquí no pretende agotar la temática del amor malsano, ni mucho menos, ya que las variables que intervienen en su conformación son múltiples y complejas. No obstante, los diez principios de supervivencia presentados pueden resultar de mucha ayuda si se interiorizan y aplican de forma continuada. En mi experiencia profesional he podido observar que su uso incrementa notablemente las probabilidades de establecer relaciones funcionales más satisfactorias y felices. Por lo anterior, mi recomendación es que nos acerquemos a todos los principios y no sólo a los que se acoplen más a nuestra problemática específica.

A la hora de desarrollar el contenido del libro, he tenido en mi mente a la gente afectivamente más frágil y a los que sufren por amor, pese a sus esfuerzos de seguir adelante y encontrar un amor que valga la pena. No he pensado en los fortachones ni en los depredadores emocionales, sino en los luchadores del amor, aquellos que insisten y persisten a pesar de sus errores y malas decisiones. La verdadera virtud no está en amar, sino en amar bien; a este propósito desea aportar el presente libro.

PRINCIPIO 1

SI YA NO TE QUIEREN, APRENDE A PERDER Y RETÍRATE DIGNAMENTE

El olvido es una forma de libertad.
JALIL GIBRAN

*Todas las pasiones son buenas cuando uno es dueño
de ellas, y todas son malas cuando nos esclavizan.*
JEAN-JACQUES ROUSSEAU

Anatomía del abandono

La sorpresa

No creemos que algo así pueda ocurrirnos. ¿Quién lo piensa? ¿Quién se imagina que, en cualquier momento, la persona que amamos nos da la mala noticia de que ya no siente nada o muy poco por nosotros? Nadie está preparado y por eso la mente ignora los datos: "A veces siento que está más distante, que ya no me mira como antes, pero debe ser imaginación mía". Pero un día cualquiera, tu pareja pide hablar contigo y, con una seriedad poco habitual y una mirada desconocida, te lo dice a quemarropa: "Ya no te quiero, ya no quiero que estemos juntos, es mejor para los dos". En realidad, tiene razón; es mejor para los dos. ¿Para qué estar con alguien que no te ama? O ¿para qué estar con alguien a quien no amas? Pero no es consuelo, de nada te sirve la "lógica", porque había metas, sueños, proyectos... La ruptura no es un acto administrativo y duele hasta el alma; no importa cómo te la empaqueten.

Colapso y aturdimiento

Una vez que te enteras, todo ocurre muy rápido y en el lapso de unos minutos pasas por una montaña rusa emocional. Después del impacto que genera la noticia, la angustia te hace preguntar estupideces: "¿Estás totalmente seguro? ¿Ya lo pensaste bien?". En realidad, ¿qué más puede hacer uno sino preguntar y llorar? No obstante, el organismo insiste y una esperanza traída de la nada, tan lánguida como imposible, te hace especialmente ingenuo: "¿Lo pensaste bien? ¿No quieres tomarte un tiempo?". ¡Como si fuera cuestión de tiempo! Y la respuesta del otro llega como una ráfaga helada: "No, no; ya lo pensé bien". En algún momento, echas mano de la manipulación: "¡No te importa hacerme daño! ¿Y si te arrepientes?". Silencio. No hay mucho que responder ni mucho más que agregar; eso es lo que quiere. Otra vez el llanto… La crisis va en ascenso, parece que fueras a reventar, sobre todo porque te das cuenta de que no miente. ¿Habrá algo más insoportable que la seguridad de quien nos deja?

La pregunta inevitable: ¿por qué dejó de amarme?

Algunas posibilidades: hay otra persona, quiere reinventarse y para eso necesita la soledad (tú serías un estorbo), o simplemente, y ésta es la peor: el sentimiento se apagó sin razón ni motivos especiales. Un hombre me decía entre lamentos: "Lo que lo hace más cruel, lo que más me duele, así parezca absurdo, ¡es que no me dejó por nadie! Nada le impide estar conmigo, sino ella misma". Y es verdad, un desamor sin razones objetivas es más difícil de sobrellevar porque la conclusión no se absorbe fácilmente: "Si no hay nada externo, ni amantes, ni crisis, ni una enfermedad, no cabe duda: ¡el problema soy yo!". Más tarde, sobreviene el repaso histórico, buscamos hasta el mínimo error o lo inventamos: lo que hicimos mal, lo que podríamos haber hecho mejor y no hicimos, los defectos que deberíamos mejorar (si se nos diera otra oportunidad), en fin, todo lo personal es rigurosamente examinado.

¿Me aceptarías nuevamente si prometo cambiar?

Una fuerza desconocida te lleva a pensar que eres capaz de hacer un cambio extremo en tu persona y reconquistar el amor perdido (crees sinceramente que donde hubo algo tan maravilloso, alguna cosa debe quedar). Le cuentas la "buena nueva" a tu ex, le juras que tendrá a su lado a una persona renovada y te haces un *harakiri* emocional en su presencia, pero vuelves a encontrarte con el silencio aterrador de antes. Como último recurso, te inventas un optimismo de segunda: "Quizá mañana cambie de parecer, quizá mañana despierte de su letargo". Y como al otro día no pasa nada, resuelves esperar un poco más y así pasan las horas y los días. Al mes, has bajado cinco kilos y él o ella se mantiene firme en su decisión. Una vez más: ya no te quiere. Es cosa juzgada y te niegas a ver la realidad.

Vencer o morir

Cuando todo parece finiquitado, sacas un as de la manga. Desde tu más temprana infancia te enseñaron que nunca había que darse por vencido y a luchar por lo que consideramos justo y valioso, y vuelves a intentar una reconquista. Pero a cada intento, te humillas y el rechazo se confirma. Pensar que las cosas que hacemos por amor nunca son ridículas es un invento de los apegados: el amor te doblega, te hace arrastrar y, si te descuidas, te acaba. Con el paso de los días, a medida que el abandono se hace evidente, tu autoestima va para abajo. Uno no puede lidiar quijotescamente contra el desamor de la pareja e intentar salvar la relación. Se necesitan dos personas, dos ganas, dos necesidades, dos que "quieran querer".

Cuando en verdad ya no te quieren, independientemente de las razones y causas posibles, hay que deponer el espíritu guerrero y no dar una batalla inútil y desgarradora. Luchar por un amor imposible, nuevo o viejo, deja muchas secuelas. Mejor sufrir la pérdida de una vez que someterse a una incertidumbre sostenida y cruel; mejor un realismo desconsolador que la fe del carbonero, que nunca mueve montañas.

¿Hay otra persona?

Si tu pareja es infiel, te convertirás en un obstáculo para sus planes: el desamor que sienta por ti no será ni tan limpio ni tan honesto. Querrá quitarte de en medio para seguir libremente con el sustituto. Es cuestión de espacio: "Otra persona entró a mi corazón y no caben dos". No se trata de alejamiento transitorio, sino de exclusión y, a veces, de desprecio. También existe otra posibilidad que le agrega más dolor y desconcierto al que ya tienes: no sólo te hace a un lado porque hay alguien más, sino que te culpa directamente por lo ocurrido.

Deberías alegrarte de que semejante personaje se haya ido de tu vida; sin embargo, la dignidad suele doblegarse ante la avalancha de interrogantes motivadas por el despecho y el apego: "¿Por qué a mí?", "¿Qué tiene el otro o la otra que yo no tenga?", "¿Desde hace cuánto me es infiel?", "¿Es mayor que yo, tiene más dinero, es una persona más atractiva que yo?". Las ganas de saber, escarbar y meterse uno mismo el dedo en la llaga tienen mucho de masoquismo y bastante de desesperación. El cómo, cuándo y dónde no pesan tanto como *qué* te hizo. Lo que importa es que fue infiel y no te quiere; lo otro es secundario o una forma de alimentar el morbo. ¿Realmente esperas que el universo en su infinita bondad te devuelva a tu pareja en perfecto estado y como si nada hubiera pasado? Los "milagros amorosos" y las "resurrecciones afectivas" son pura superstición: cuando el amor se acaba, hay que enterrarlo.

El desamor que libera

Es el lado feliz del despecho, la pérdida que merece festejarse. Quién iba creerlo: a veces, el desamor del otro nos quita el peso de la incertidumbre: ¡ya no tendrás que deshojar margaritas! ¡Se acabaron las indagatorias y las pesquisas existenciales! Hay dudas dolorosas que la certeza calma. Una paciente me comentaba: "Ya no estaba segura de si él me quería y durante meses traté de descifrar sus sentimientos... ¡Cuánto sufrí! Pasaba de la ilusión a la desilusión en un instante... Y es curioso, pero cuando me dijo que quería separarse, sentí alivio". ¿Cómo no sentirlo? ¿Cómo no reconocer que el sufrimiento de ver las cosas como son, crudamente, conlleva algo de bienestar? ¡Ya sé a qué atenerme!

No todo desamor es malo y no todo amor es sostenible. Recuerdo a quien era la amante de un mafioso, que el hombre utilizaba como esclava sexual. Tenía que estar disponible las veinticuatro horas y vivía amenazada de muerte si miraba a otro hombre. Resulta que el truhán se enganchó con una jovencita de dieciocho años de edad y automáticamente mi paciente pasó a ser una bruja fea y vieja. Cuando ella me preguntó qué podía hacer, le recomendé que se afeara lo más posible porque había que ayudarle al destino. Al poco tiempo, la echó a la calle, sin miramientos de ningún tipo. En realidad, le abrió la jaula y la puso a volar. Bendito el desamor que le llega a los mal casados, a los mal emparejados, a los que se hacen daño en nombre del amor.

Propuestas para no morir de amor, cuando ya no te quieren

1 | Aprender a perder, aunque duela

¿Tiene sentido perseguir algo o alguien que ya escapó de tu control? Se fue, ya no está, ya *no quiere* estar, ¿para qué insistir? Hay cosas que te son imposibles; no importa el deseo y las ganas que les pongas. ¿Qué opinarías de alguien que hiciera pataletas y se retorciera de la rabia porque llueve? ¿No sería mejor sacar el paraguas que lloriquear y protestar contra el agua? Aprender a perder es la capacidad que tiene una persona para discernir qué depende de uno y qué no, cuándo insistir y cuándo dejarse llevar por los hechos. No tiene mucho sentido "convencer" a alguien de que te quiera (el amor no sigue ese camino), pero sí puedes despejar tu mente para dejar entrar a una persona que se sienta feliz de amarte. Cada gota de energía y sudor que inviertes en lamentarte por lo que podría haber sido y no fue mejor empléala en sanar tu alma. Los que se quieren a sí mismos emplean esta frase afirmativa y orgullosa, saludable a fin de cuentas: *si alguien no me quiere, no sabe de lo que se pierde.*

Como consuelo, he conocido infinidad de personas a quienes abandonaron y, con el tiempo, terminaron agradeciendo la ruptura porque encontraron a alguien mejor para ellos. Piensa en los amores que pasaron por tu vida, en lo que representaron en su momento, en aquella adolescencia ciega y frenética de amor y míralo ahora con la perspectiva que dan los años. ¿Te provocan algún impulso irrefrenable, algún sentimiento desbordado: te agitan, te mueven, te angustian? No, ¿verdad? La memoria emocional cedió paso a una memoria más conceptual, más fría e inteligente. Muchos de esos recuerdos no pasan de ser una anécdota, elementos de tu historia personal y parte de tu *curriculum vitae* afectivo. ¡Y hubieras hecho cualquier cosa para mantener esas relaciones! En su momento, pensabas y sentías que morirías en cada adiós o en cada amor no correspondido, y actualmente no te hacen ni cosquillas. Pues lo mismo ocurrirá con la persona que hoy dejó de amarte; será un recuerdo más, cada vez más aséptico y distante. A medida que el tiempo transcurra y empieces a vivir tu vida, llegará la calma.

No hay pastillas para este tipo de dolor, no hay una píldora para el día después o los seis meses posteriores, que es lo que más o menos dura un duelo. Hay que soportarlo y resistir, como si se tratara de una pelea de boxeo: hoy le ganas un asalto al sufrimiento y mañana te lo gana él. Lo único que debe preocuparte es no perder por nocaut, porque si aguantas, así caigas a la lona una y otra vez, te aseguro que ganarás por puntos

2 | En los amores imposibles, la esperanza es lo primero que hay que perder

No hay futuro. Realismo crudo: el aquí y el ahora desnudo y sin analgésicos. Te han enseñado que la esperanza es lo último que debes perder, y posiblemente sea cierto en algunas circunstancias límite, pero en el amor imposible o en el desamor declarado y demostrado, la desesperanza es un bálsamo. Si ya no te aman, no esperes nada,

MANUAL PARA NO MORIR DE AMOR

no anticipes positivamente: un pesimista inteligente es mejor que un optimista mal informado. Una adolescente, al borde de la depresión, me decía: "¿Y si me vuelve a amar y yo ya no lo quiero?". Mi respuesta: "¡Pues te importará un rábano si te ama o no!". Los amores tardíos son amores enclenques e indeseables.

3 | El sesgo confirmatorio: "Aún me quiere"

La desesperación puede llevarte a creer que por algún pase mágico o vaya a saber qué conjuro, todo volvería a ser como antes: "Si lo deseo con todo mi corazón, mis sueños se harán realidad". Pura quimera, con algo de alucinaciones. La esperanza irracional e injustificada hace que la mente distorsione la información y empecemos a ver lo que queremos ver y a sentir lo que queremos sentir. Una mirada, una sonrisa, una mueca, un gesto, una llamada, todo es interpretado como un renacimiento del viejo amor.

Un paciente, al borde del delirio, me presentaba sus propios sentimientos como prueba de que su ex todavía lo quería: "Yo sé que me ama... Lo siento, me llega la sensación, es como una premonición". Armado de una confianza a prueba de balas intentó la reconquista y lo que obtuvo fue una denuncia por acoso. En otro caso, una mujer había pedido ayuda porque su novio la había dejado por su mejor amiga. En una sesión, me comentaba llena de optimismo: "Ayer me lo encontré después de cuatro meses y estoy segura de que me sigue queriendo... Por la forma como me miró sé que no me ha olvidado... Lo entendí cuando me dio el beso de despedida. Es más, estoy segura de que me coqueteó". Unos días después, en la más profunda tristeza, me decía: "Estoy confundida, no sé qué pensar... Me acabo de enterar de que se casa con ella... ¡Me mandó una invitación!". Jugadas de la mente, entelequias patrocinadas por un corazón que se pega al pensamiento mágico.

"Todavía me ama, pero no lo sabe." ¿Habrá mayor autoengaño? Me lo dijo una jovencita que llevaba tres años de novia con alguien que nunca le había dicho que la amaba. El amor de pareja no es mágico, es el resultado de una realidad que construimos a pulso, guiados por el sentimiento y por nuestras creencias. Por desgracia, algunas son francamente irracionales.

4 ¿Para qué humillarte?

La humillación, en cualquiera de sus formas: suplicar, jurar, "agachar la cabeza", esclavizarse o halagar excesivamente al otro, tiene un efecto bumerán. Malas noticias para los que se adhieren a un amor sin límites: la sumisión, con el tiempo, produce fastidio. Si quedaba algo de afecto, se pierde; si había algo de respeto, se acaba. ¿Quieres que te tengan lástima? ¿Quieres darle más poder a la persona que no te ama? ¿Quieres agrandar su ego? ¡Si fuera tan fácil convencer al desenamorado! ¿Cómo salvar la autoestima de un lacónico y lastimero: "¡Por favor, quiéreme!"? Las palabras no van a modificar el comportamiento de quien no siente nada por ti. Acéptalo con madurez. ¿Para qué humillarte si con eso no lograrás resucitar el amor?

Un receso ayuda. Volver a hablar con tu familia, recuperar tus raíces, aquellos valores que te pertenecen y que hoy parecen desdibujarse por el afán y la desesperación de un amor que no te conviene. Métete esto en la cabeza y en el corazón: *los principios no se negocian.* Si quieres sufrir, llorar y acabar con todas las lágrimas, gemir en voz alta, arrastrarte por el cuarto cuando estás sola o solo, si quieres hacer esto y mucho más, pues hazlo, pero no entregues tu soberanía, no aplastes tu ser. Sufre cuanto quieras, pero no lastimes tu amor propio.

5 | Rodéate de gente que te ame

Hay gente que se especializa en echarle sal a las heridas. ¿No te ha pasado alguna vez? Supongamos que tu "amiga del alma" te dice: "Perdiste a un gran hombre. Era el mejor, entiendo cómo te sientes". ¿Cómo que: "un gran hombre" o "el mejor"? No cabe duda: envidia o malquerencia acumulada de la supuesta amiga. ¿Qué necesidad de hacer semejante comentario a una despechada casi moribunda? Los que te quieren de verdad toman partido y te defienden, intentan sacarte a flote, no importa si tienes razón o no, se preocupan por ti, y punto. A esa mujer que adopta el papel de camarada y te recuerda a cada instante lo estúpida que has sido o que eres, ponla en remojo, aléjate, y si quieres hacer catarsis, ¡mándala a la porra! Lo mismo con aquellos amigos que pretenden ser "objetivos" y tratan de equilibrar lo que no puede equilibrarse. Me refiero al personaje que, en tono de consejo, te dice: "Es verdad que ella era una mujer muy complicada, pero debes reconocer que tú no eres nada fácil". ¡Qué momento para sacar a relucir defectos y debilidades! Ve limpiando el camino y el hábitat afectivo.

Lo que necesitas es apoyo, soporte afectivo, silencios compartidos, el golpecito en la espalda, la palabra de ánimo, el amor de la familia, de los que buscan mermar tu sufrimiento. Necesitas de "queridos mentirosos" que te digan que eres genial, atractivo, buen partido o cualquier otra cosa que le venga bien a tu aporreado "yo". La crítica constructiva hay que dejarla para después de que pase el aluvión. Hay que sacarte del hueco y en este proceso ayudarán mucho los que te quieren de verdad. Y es allí, en esa base segura de la amistad, donde irás reconstruyendo tu capacidad de amar, poco a poco.

6 | Aléjate de todo aquello que te recuerde a tu ex

Nada de romanticismos empalagosos. Además, ¿cuál romance, si ya no hay con quién? No necesitas visitar a solas los lugares contaminados de recuerdos afectivos. ¿Para qué ocupar "el breve espacio en que no estás" y pegarte a la música, a los olores, a los regalos? En ocasiones, meterse de lleno en el recuerdo y sufrir hasta donde el organismo sea capaz cumple una función terapéutica, pero es mejor que estas "inundaciones" sean dirigidas por un profesional especializado en el tema. Intenta crear a tu alrededor un microclima de paz que se refleje en tu interior; limpia tu lugar y genera un nuevo ambiente motivacional. Recuerda: ya no hay esperanza, te dejaron de amar, es irrecuperable. Entonces, ¿qué estás esperando? Saca, empaca y regala todo lo que te haya quedado de la relación. Empieza de cero, pero empieza.

7 | Aplica la técnica del *¡basta!*

Cada vez que te llegue un pensamiento referido a él o ella, una imagen o un recuerdo, golpea las manos y di en voz alta: *¡basta!* o *stop!* Es un "alto ahí" que desorganiza el pensamiento por unos instantes y te da un respiro. Luego de intentarlo algunas veces, ya no necesitarás decirlo en voz alta; simplemente el *¡basta!* será parte de tu lenguaje interno. No es la gran solución, pero ayuda y te alivia. No te encierres en tu propia mente, ni te alejes de la gente. Conviene ir a un cine (que no sean películas de amor o de vampiros tiernos), ir a comer (no al lugar adonde ibas con él, ni pedir su plato favorito), visitar un amigo o una amiga (prohibido hablar del tema), en fin, salir a la luz pública, exponerte al mundo y al prójimo. Aunque te cueste creerlo, el sol seguirá saliendo y el movimiento de la vida no detendrá su curso. Repito: cuando te encuentres en algún ritual negativo motivado por la nostalgia, escribiendo tu propia telenovela, aplica el *¡basta!*, y la trama se disolverá hasta un próximo capítulo.

8 | Recuerda tanto lo bueno como lo malo

Es un sesgo típico. A la mente le gusta la añoranza, se regodea en ella y se autocompadece cada vez que puede. No tiene mucho sentido exaltar y recordar los "años gloriosos" ni los "bellos momentos". ¡Equilibra! Sin necesidad de caer en el aborrecimiento visceral, balancea la información: no olvides lo negativo, no santifiques a quien ya no te ama. No endulces lo desagradable, no disculpes lo que merece rechazo. ¿No tenías buen sexo? ¿Era egoísta? ¿Te fue infiel? ¿Era indiferente? ¿No tenían de qué hablar? ¡No lo ocultes! ¡Tráelo de la memoria, reproduce los hechos! No digo que maldigas ni que te dejes atrapar por la venganza o el odio; lo que te propongo es *tener presente* lo malo de la relación. Porque si empiezas a magnificar y exagerar los atributos positivos de él o ella, será más lento y difícil elaborar el duelo. Separarse de un ángel es mucho más complicado que hacerlo de un ser humano.

9 | Si tienes hijos, únete a ellos

No me refiero al apego enfermizo. Tampoco sugiero que dejes a un lado tus demás roles para convertirte exclusivamente en padre o madre. Pero los hijos son parte de una misión que llevamos incorporada en los genes. Tus hijos son parte tuya, y el amor que sientes por ellos y que ellos sienten por ti pasa prácticamente todas las pruebas. Así que vuélcate con ellos a ese amor genuino y descontaminado; míralos como una suerte que te alegra y te hace la vida más llevadera. Ellos no tienen la culpa y te necesitan fuerte y eficiente. Por más depresión que sientas, tienes que seguir educándolos, cuidarlos, estar a su lado. La fórmula parece funcionar de esta manera: tu ex te hunde, tus hijos te sacan. Tu ex no es nada tuyo, tus hijos son tu sangre; tu ex ya no te quiere, tus hijos te aman incondicionalmente. No sólo te realiza el amor de pareja, también lo hace el amor a los hijos.

PRINCIPIO 2

CASARSE CON EL AMANTE ES COMO ECHARLE SAL AL POSTRE

El amor es una locura pasajera
que se cura con el matrimonio.
Ambrose Bierce

Amantes, dementes.
Plauto

Las estadísticas son contundentes: promediando datos de varias culturas, alrededor de la mitad de la gente tiene una relación oculta y le pone cuernos a su pareja. Las relaciones prohibidas son especialmente pegadizas porque el placer que generan es muy concentrado, penetrante y adictivo. Independientemente de que estemos de acuerdo o no con las relaciones clandestinas, debemos reconocer que muchas de ellas terminan convirtiéndose en un Disney World personalizado, donde los implicados están más cerca de la manía que de la vida normal. Los amantes crean su propio microcosmos y sus propias reglas de supervivencia: un mundo sólo para dos y exclusivo. En este contubernio amoroso, cada quien determina la existencia del otro y hasta le otorga significado. Una paciente me comentaba: "Con sólo estar con él unas horas, la semana se justifica y adquiere sentido... No verlo es quedar incompleta, como si me arrancaran una parte de mí". Justificación existencial y síndrome de abstinencia a la vez: nada que hacer. Unos cuantos encuentros le otorgan a lo cotidiano un tinte especial, y se pasa de una realidad en blanco y negro a una en colores y en tercera dimensión. De ahí la resistencia a salirse del enredo, no importa de dónde venga la presión en contra: nadie quiere perder el encanto de un amor que te lleva al límite.

No obstante, pese a estar en una situación de felicidad expansiva, a veces los implicados, no contentos con el aquí y el ahora, pretenden legalizar el enredo y mantenerlo en el tiempo. ¿La estrategia? Formalizar el vínculo, salir del clóset y mostrarse al mundo dignamente. Del amor proscrito al cuento de hadas: "Nos amamos, viviremos juntos y construiremos una familia, con los míos, los tuyos y quizá los nuestros". Si estás metido o metida en un plan similar, te recomiendo que bajes un poco las revoluciones. No es para desanimarte, pero sólo la relación de un pequeño porcentaje de los amantes que se casan o se van a vivir juntos funciona. Aterrizar el éxtasis, reestructurar la locura simpática que mantenía viva la relación tiene sus consecuencias y contraindicaciones. Es muy difícil "reglamentar" el amor pasional y que todo siga igual.

La "montaña rusa" emocional de los amantes incluye satisfacción sexual intensa, obnubilación, ternura, alegría, culpa, miedo y temeridad, encanto y desencanto, amor y desamor, dolor y alivio, risas y tristezas, y muchas oscilaciones más. Los amantes son sacudidos por un enredo de afectos y desafectos de todo tipo y de carácter exponencial. Y es esta velocidad y variedad de sentimientos lo que los atrapa. ¿Cómo encauzar esa energía fascinante y fuera de control para domesticarla y que no pierda su esencia vital?

"No quiero renunciar a esta felicidad"

Ése es un contrasentido: no quieres renunciar a la felicidad de tener un amante, pero al mismo tiempo pretendes desnaturalizarla, sacarla de su ecosistema y llevarla a casa. ¿Por qué te ocurre esto? La dinámica es más o menos como sigue: cuando el apego va echando raíces, las consignas iniciales de "disfrutarlo mientras dure" o de "vivir el momento" van perdiendo fuerza y, a medida que la necesidad de estar juntos aumenta, el futuro hace su aparición. El argumento es una curiosa mezcla entre hedonismo y justicia cósmica: "¿Qué tiene de malo irnos a vivir juntos? ¿Acaso no merecemos ser felices? ¡No es azar que nuestras vidas se hayan cruzado!". Obviamente, nadie "merece" ser infeliz. La cuestión es saber si es posible trasplantar la relación de amante a un matrimonio estable, sin perder la vivacidad que nos hace felices.

Para que reflexiones: ¿cómo saber que tu decisión no está principalmente influida por el apego al placer? ¿Conoces suficientemente a tu amante, o será que tu conocimiento del otro se reduce a la efervescencia de un amor de laboratorio, aislado de las contaminaciones y tan despejado como los días de verano? Te pregunto: ¿qué felicidad buscas? ¿Una real y con los pies en la tierra o una sin más fundamento que las ganas de seguir?

"Quiero más, necesito más"

El efecto *spa* de tener un amante (relación, masajes, caricias, orgasmos, bellas palabras, reducción del estrés, bloqueo de las preocupaciones por unas horas) crea una profunda adicción. ¿Cómo pedirle a un amante que sea "objetivo" y razonable a la hora de tomar decisiones? Un hombre que estaba a punto de separarse para irse a vivir con la amiga/amante defendió su decisión de la siguiente manera: "La pasión que siento es tal, que además de tener varias relaciones sexuales cada vez que nos vemos, me masturbo hasta tres veces en el día pensando en ella... Con sólo oír su nombre tengo erecciones". ¿Cómo pedir una pizca de racionalidad en alguien que está pensando con los genitales? Su motivación no era otra que poseer el mayor tiempo posible a la mujer que deseaba.

En un matrimonio rutinario, sin ideales importantes, la presencia de un reemplazo o un complemento afectivo-sexual se convierte en una motivación básica e imprescindible. Como en cualquier consumo de droga, el nivel de tolerancia del organismo a la sustancia (o a la persona) aumenta y necesitamos más cantidad de lo mismo para lograr mantener la sensación en un nivel satisfactorio.

Una pareja de amantes tenía el siguiente ritual. Unas tres veces por semana, ella llegaba a visitarlo al departamento donde él vivía. Cuando entraba al lugar, se encontraba con una mesa muy bien puesta, flores silvestres y unos exóticos y delicados platillos cocinados por el hombre, que era un excelente cocinero. Todo estaba amenizado por una bella música clásica, y, sobre un colchón en el piso, el hombre tenía lista la ropa que ella debía ponerse cada día. Por la ventana, se veían las montañas, todo olía a pino y los pájaros cantaban sin parar como si festejaran su llegada. En ese lugar, cada cosa encajaba a la perfección. En realidad, la experiencia era lo más parecido a estar en el Olimpo abrazada a Zeus.

Las comparaciones son odiosas, pero ¿cómo no hacerlas? Mi paciente las hacía todo el tiempo y muy especialmente al bajar del Olimpo a su casa, donde la esperaba un marido, que sólo era un simple mortal y además no cocinaba ni le gustaba oír música, no le compraba ropa y carecía de la más mínima fantasía. Del cielo al purgatorio y, a veces, al infierno. En una consulta, me decía: "Le pido a Dios que me libere de mi matrimonio, pero pienso en mis hijos... No sé qué hacer... Bueno, sí sé qué hacer, quiero estar con mi amante, pero no tengo el valor... Cada día lo necesito y lo amo más... ¿En qué irá a terminar esto?". Dos veces por semana ya no eran suficientes, ni tres, ni cuatro... La exigencia era la eternidad completa. Ella intentó en varias ocasiones irse a vivir con aquel semidiós hecho hombre, pero nunca fue capaz. Hoy lo recuerda como el gran amor de su vida y se siente mal con ella misma por no haber sido lo suficientemente valiente y haber tomado la decisión. Todavía lo extraña, su cuerpo no se ha resignado a la pérdida. Quisiera repetir.

Amantes hasta que otro nos separe

Un buen día, te llega el valor y tomas la decisión: "Reemplazaré a mi pareja por mi amante". ¿Y qué hay del ex, de los años de convivencia, de la historia construida? "No es mi problema, él verá cómo sobrevive, ella verá qué hace." ¿Y los hijos? "Pues se acostumbrarán y comprenderán: ¿por qué no? Si lo hace tanta gente." En una consulta, ante la mirada atónita de sus hijos de ocho y nueve años, una paciente trataba de convencerlos sobre las "ventajas" de la separación: "Mamá va a vivir con otro hombre porque lo ama con todo su corazón. Eso es normal que ocurra entre los adultos... ¡Ustedes se quedarán conmigo y tendrán un nuevo papá! ¡Verán que es una persona encantadora y les va a caer muy bien! De todas maneras, seguirán viendo a su papá de verdad las veces que quieran. ¿No les parece maravilloso?". Al ver la seriedad de los niños y la mía, tratando de pescar lo "maravilloso" de semejante zafarrancho, intentó arreglar la cosa: "Bueno, miren el lado bueno: ¡tendrán dos papás y dos casas!". Para un niño normal, la noticia de que tendrá un "nuevo papá" o una casa "extra" de fin de semana no es nada fenomenal; más bien se aproxima al trauma. No digo que uno no pueda separarse, pero hay que hacerlo bien.

Los amantes que se juntan pecan de una ingenuidad y un egocentrismo increíbles: creen que los demás deberían estar tan felices como ellos, como si la dicha tuviera que ser contagiosa. Pero lo que suele ocurrir en estos casos es que todo se desorganiza y vuela por los aires, simplemente porque no existe una forma quirúrgica, precisa y delimitada, para reemplazar a la pareja por el amante y dejar las cosas como si nada hubiera ocurrido. La gente afectada y herida por la decisión y los despechados no se cruzan de brazos: protestan, se deprimen y ponen a trabajar a sus abogados.

¿Es posible juntarse con el amante y sobrevivir al intento? Cinco reflexiones para tener en cuenta

Empecemos por repetir lo siguiente: el "traspaso" no es nada fácil. Al principio, tu motivación estará por los cielos; te pellizcarás de la alegría pensando que es un sueño hecho realidad del que nadie podrá despertarte. Sabes que habrá problemas de todo tipo, pero el amor te empuja y te sientes capaz de vencer cualquier obstáculo que se interponga en tu camino. La creencia que te mueve es definitivamente triunfalista: "El amor no conoce límites".

Veamos algunos de los costos, riesgos y consecuencias que posiblemente debas enfrentar para que calibres tus fuerzas de una manera adecuada y no sufras inútilmente. Quizá puedas estar en ese pequeño porcentaje que lo logra.

1 | Costos sociales y pérdidas afectivas

¿Estás dispuesta o dispuesto a las embestidas orquestadas por las buenas costumbres y la moral de turno? Es probable que desde el punto de vista social lleguen algunas sanciones y no vean con buenos ojos tu nueva relación. Incluso es de esperar que algunos "amigos" consideren que las relaciones de amantes deben permanecer ocultas y que es de mal gusto exponerlas abiertamente. Tampoco faltará el familiar que te censure. Sentirás que tu alegría desbordante es una molestia para todos aquellos que desean que fracases, y no serán pocos. Entonces, prepárate; lo que se viene no es color de rosa. Hazte fuerte y alístate a capotear los señalamientos de tal manera que tu autoestima no se vea alterada en lo fundamental. En esto hay dos tipos de personas: las que por culpa o miedo al qué dirán se dan por vencidas, y las que se atrincheran en una coraza a prueba de críticas y siguen para adelante. Si tienes claro lo que quieres, no te rindas.

2 | La baja en la pasión

Aquí la cosa es más grave. No es lo mismo el encuentro secreto que la convivencia abierta. ¿Que no afectará porque el amor es mucho? No estoy tan seguro. El estrés sostenido barre con la mayoría de los grandes amores y con la libido sobrante. ¿Por qué el estrés? Porque entrarás de lleno a los problemas de la existencia cotidiana. Tendrás que vértelas con una pareja con la cual no tienes una historia de luchas y proyectos compartidos (antes estaban más concentrados en los placeres) y, por lo tanto, tendrán que empezar a enfrentar hombro a hombro la supervivencia. Las parejas estables, además de amarse y tratar de pasarla bien, deben hacerle frente a una realidad que no es tan divertida, así no sea necesariamente incompatible con el amor. En cambio, los amantes no "sobreviven": disfrutan.

Algunas personas me preguntan: ¿pero acaso lo más importante no es que haya amor en grandes cantidades? Mi respuesta es que el amor es una condición necesaria pero no suficiente para que la vida en pareja funcione adecuadamente. Lo que sostengo es que para transformar el *amor pasional* y oculto de los amantes en un *amor de pareja estable* y abierto al mundo hay que reestructurar la relación completamente. Necesitas crear una nueva visión del mundo, un poco menos fantástica y más realista: ¡debes traer el Nirvana a casa y mantenerlo vivo! ¿Y las fantasías sexuales? Seguirán, igual que el sexo (si los niños y el cansancio lo permiten). No será lo mismo, pero qué más da, ya están juntos... ¿no es eso lo que querías?

3 | Los tuyos, los míos y los que vendrán

No quiero pecar de trágico, pero un montón de hijos mezclados, de distintas procedencias y generalmente incompatibles entre sí, sólo es agradable en el ensueño de alguien apegado al más rígido romanticismo. Lleva tiempo y desgaste acoplarse a los hijos de tu examante y que tu expareja vea con naturalidad que tus hijastros vivan con sus hijos y que todos, además, acepten un embarazo inesperado. Dirás que es un retoño producto del amor y, por lo tanto, un regalo que hay que bendecir, a pesar de la confusión de madres, padres, hijos y sus respectivos acomodamientos. Ni qué hablar de las primeras comuniones, los cumpleaños, las graduaciones, los futuros yernos y las futuras nueras, poner reglas, revisar tareas, ir al colegio, en fin, una maraña de todos contra todos, en el nombre del amor. ¿Realmente prefieres esto a aquellas tardes en el Edén? Te recuerdo, sólo a manera de reflexión, la frase de Schopenhauer, para que la revises en algún desvelo amoroso: "En nuestro hemisferio monográfico, casarse es perder la mitad de los derechos y duplicar los deberes". No sé si tenga la razón, pero no está de más hacer la cuenta.

4 | Tres motivos de deserción y de regreso al nido original

Aunque puede haber muchas causas que expliquen la deserción de los amantes de su flamante matrimonio, señalaré las tres más frecuentes.

Extraño la comodidad que tenía antes

Algunos enamorados tiran la toalla cuando empiezan a comparar las ventajas que tenían antes con las que tienen hoy. La comodidad goza de muchos adeptos. Una paciente, que unos meses antes parecía poseer la entereza y la convicción de Juana de Arco, empezó con una pequeña molestia mental: "Antes, cuando estaba con mi marido, todo marchaba sobre ruedas, ya tenía mi mundo organizado y aceitado. Ahora todo es más complicado porque esas comodidades ya no las tengo: extraño la empleada de servicio, el chofer, el contador, el abogado... Mi amante, perdón... mi pareja actual no es tan pudiente económicamente; he tenido que volver a trabajar. Ya sé, ya sé lo que me va a decir: es una oportunidad para volver a ser productiva, bla, bla, bla... Pero la cuestión es que yo estaba bien sin trabajar. Mi marido no era un adonis ni el mayor de los genios, pero era soportable y a veces hasta querido". ¿Amor de pacotilla? ¿Materialismo del malo? Posiblemente, pero en mi experiencia, este "regreso al pasado para asegurar el futuro" es muy frecuente. Antes del año, mi paciente estaba otra vez en el purgatorio de su matrimonio anterior, feliz de la vida.

Un hombre expresaba así sus dudas: "Dejé un departamento de doscientos metros por uno diminuto, en un primer piso, donde los automóviles pasan rozando mi ventana". Cuando alguien se dice: "Antes vivía mejor", es una mala señal. Y si el lamento se repite varias veces, hay que tener las maletas listas por si acaso. El problema es que, para muchos de los que quieren recuperar lo perdido, ya es tarde: el antiguo hogar está ocupado, el amor se vació y el rencor no ceja. El perdón no es una obligación, es una elección libre que maneja sus propios tiempos. Si extrañas la "buena vida" anterior, quizás el amor ya no sea suficiente, quizás estés retrocediendo. Pregúntate en qué anda tu expareja; nunca se sabe.

Nostalgias inesperadas

Pasado el furor de los primeros meses de convivencia, un virus del cual no tenemos muchos datos puede poner a funcionar el corazón en retroceso. De pronto, cuando todo parece que anda bien, una indiscreta nostalgia empieza a molestar. Al principio, la haces a un lado y piensas que es natural, pero con las semanas te das cuenta de que va haciéndose más penetrante. Y te preguntas: "¿Cómo es posible? ¿Nostalgia de qué? ¿Será que me equivoqué?". Empiezas a revisar el pasado y a hacer balances de todo tipo. Y si por esos días te encuentras de improviso con tu expareja, te fijarás en cosas que antes pasaban totalmente inadvertidas: se dejó crecer el pelo y se le ve bien, le sienta ese color, en fin, escaneo peligroso. Este "redescubrimiento" resulta mortal para quien está en la tónica de iniciar una nueva pareja. Para colmo, este tipo de nostalgia juega a dos puntas: magnifica lo bueno del ex y minimiza las supuestas ventajas que tiene el amante vuelto pareja. Estarás en un lío tremendo. Yo lo llamo: dolor inverso o en reversa: ¡estás pensando en dejar el amante para volver con tu ex! Morir de amor en sentido contrario y a destiempo. Es posible que nadie te crea, ya que hace unos meses hiciste todo lo contrario.

No quiero decir con esto que todas las nostalgias sobre el pasado afectivo tengan necesariamente un desenlace similar; no obstante, un número considerable de "nostálgicos arrepentidos" pone el freno de emergencia y regresa a su casa con la cola entre las patas. Por la razón que sea, búsqueda de la comodidad o reaparición repentina del amor anterior, el arrepentimiento ronda con demasiada frecuencia a los amantes que se juntan. Si éste es tu caso, la mejor manera de enfrentarlo es siendo honesto contigo mismo. ¿Crees que vas a hacer el ridículo? ¡Qué importa! Peor sería pasarte la vida maldiciendo el miedo que te impidió terminar con un amante que no pudo o no supo ser pareja.

¡Mi ex me necesita!

No es poco común que ciertas personas mantengan un lazo compensatorio con la expareja y crean, consciente o inconscientemente, que aún deben ver por ella. ¿Las causas? Lástima ("No soporto que sufra"), responsabilidad moral ("Es mi deber como ex") y especialmente culpa ("Debo compensar el daño que le he causado"). Cualquiera de las tres ponen a la pareja actual con los pelos de punta. Lo que más arma revuelo son las depresiones o los ataques de ansiedad de la ex o el ex. He conocido casos en que entre el Prozac y el Rivotril, entre el apoyo moral y las buenas acciones, Cupido flecha por segunda vez a los implicados. ¡Otra vez! Pues sí, aunque parezca imposible, podemos enamorarnos dos veces de la misma persona; y uno de los motivos de esta curiosa reincidencia es el buen samaritano que llevamos dentro.

Un hombre me decía indignado: "¡Estoy harto! ¡Cada vez que se enferma el ex, mi mujer corre en su ayuda! ¡Y para colmo el tipo se la pasa enfermo! ¿Será que todavía siente algo por él? ¡Prefiero que el otro se venga vivir con nosotros; al menos lo tengo vigilado!". Obviamente no es una buena idea un triángulo afectivo bajo el mismo techo y menos aún si uno de los vértices es precisamente el ex de la mujer de uno.

Estas relaciones de auxilio suelen funcionar como un círculo vicioso. En el caso de mi paciente, cada vez que el exmarido llamaba (porque sentía un "dolor en el pecho") ella entraba en pánico y lo socorría de inmediato, lo que reforzaba la supuesta pero inexistente enfermedad coronaria del señor. Cuando le pregunté a la señora por qué actuaba de ese modo, me respondió: "¡Es el padre de mis hijos!". Y el menor de sus hijos tenía veintitrés años... La pregunta es obvia: ¿por qué no corrían a "salvarlo" los hijos? En ocasiones, los ex se convierten en una especie de apéndice: no cumplen ninguna función, son incómodos y habría que extraerlos de raíz, si se quiere tener una vida en paz.

5 | Preguntas que pueden servirte de guía antes de tomar la decisión

- *¿Amante o no amante?* Pregúntate por qué necesitas un amante. La experiencia demuestra que si no resuelves primero lo que tienes con tu pareja, para bien o para mal, nunca tendrás claridad emocional ni sobre tu amante ni sobre tu pareja. La infidelidad es un paliativo, pero no conduce a nada bueno ni resuelve los problemas de fondo.

- *¿Hay algún riesgo de que te quedes sin amante y sin pareja?* Sí lo hay. El riesgo de irte a vivir con tu amigo o amiga prematuramente es que no puedas manejar ni la convivencia ni la separación. Quedarse solo o sola puede ser una buena opción, pero debe resultar de una decisión deseada y pensada, y no como consecuencia de actuaciones impulsivas. Cabeza fría, así el corazón esté recalentado.

- *¿Conoces a tu amante lo suficiente para saber si son compatibles para una vida de pareja?* Suma las horas que has estado con él o con ella. Piensa qué situaciones has compartido y si te convencen. Pregúntate si necesitas más tiempo. Si lo único que tienes son hermosas anécdotas de hotel, no tienes nada.

- *¿Es amor lo que sientes o has sido víctima de un huracán grado diez que te lleva y te trae como un títere?* Antes de echarle sal al postre, antes de bajar del cielo y aterrizar las pasiones, repasa las razones que te tienen junto a él o a ella. Medítalo seriamente, examina los atractivos, las sensaciones, los deseos y, después, enfría el ímpetu y la relación un poco, trata de comprender qué te llevó a ello y qué te mantiene allí. Intenta ser realista.

- *¿Puede construirse algo positivo donde se generó tanto dolor a otros?* Algunos dicen que no, que nada bueno surge de lastimar a otros, así sea en nombre del amor. El amor no lo justifica todo. Según los que sostienen este punto de vista, el amor se desvirtúa si necesita del engaño y la mentira. Es sólo para que lo pienses; no sé si tengan razón, pero vale la pena analizarlo.

- *¿Eres capaz de confiar en la fidelidad del que fue amante y ahora comparte tu vida?* ¿Eres de los que piensa que si lo hizo una vez, así sea contigo, podría volver a hacerlo? ¿Celos de que el amante o la amante tengan un amante? ¿De que el examante (ahora pareja) repita el amor prohibido con otra u otro? En verdad, pasar de cómplice a víctima es una paradoja que agobia y le quita el sueño a más de uno.

EVITA EL SACRIFICIO IRRACIONAL: NO TE ANULES PARA QUE TU PAREJA SEA FELIZ

Donde hay amor, no hay sacrificio.
JACINTO BENAVENTE

Todo exceso, lo mismo que toda renunciación,
trae su castigo.
OSCAR WILDE

Amor por contraste: ser un poco más ignorante para que el otro se sienta más inteligente; pasar desapercibido o desapercibida, para que tu pareja se destaque; fracasar, para que sus errores se diluyan; afearse, para que él o ella se vean mejor. Sacrificio del peor y el más autodestructivo: ser menos para que la persona amada se sienta más. ¿Habrá mayor estupidez "amorosa"? Aunque siempre resulte evidente, infinidad de parejas sufren de esta compensación negativa. Tú mismo podrías estar, precisamente ahora, metido en este juego enfermizo de intentar equilibrar disparidades por lo bajo. Una joven mujer, exitosa en su profesión, me decía: "¿Cómo voy a triunfar si él no es exitoso? Me sentiría muy mal... Prefiero igualarme y balancear la cuestión. No puedo alejarme tanto porque él sufriría mucho o incluso podría perderlo". La conclusión es terrible: ¡fracasemos juntos para que el amor se sostenga! Y ni siquiera se trata de acoplar nuestros defectos o incapacidades, sino de ser más insuficiente que el otro.

Un paciente aplicaba esta "solidaridad negativa" de la siguiente manera: "Trato de no ver mucho a mi familia. Ella está muy sola, sus padres murieron y sólo le queda vivo un tío. En cambio, yo tengo ocho hermanos y nos queremos mucho. Yo sé que cuando me reúno con todos ellos, mi mujer añora la familia que ya no tiene y se pone triste, así que creo que es mejor alejarme un poco de los míos". Esta lógica es difícil de aceptar: debido a que no tienes familia, yo asumo tu orfandad como mía ¡y nos quedamos solos los dos! Cuando le pregunté por qué no utilizaba la solución inversa y acercaba la pareja a su familia en vez de alejarla ("adopción", en vez de exclusión), me respondió que nunca lo había visto de esa manera.

A veces, el déficit y las incapacidades de la persona amada nos duelen tanto que queremos eliminar el sufrimiento a cualquier costo y "equilibrar" la cuestión, sufriendo más que el otro. Hundirnos para que la pareja salga a flote, en vez de tirarle un salvavidas: "¡Relájate mi amor: soy, o estoy, peor que tú!". Mal de dos, consuelo de enamorados (como si las incapacidades o las inseguridades de la persona que amamos se eliminaran mágicamente con el sacrificio). Autocastigarse o anularse para levantarle la moral al otro es matar el amor en nombre del amor. Ésa es la paradoja.

A causa del despecho y el desamor, algunos se cortan las venas, otros se dedican a la bebida o a las drogas y adoptan una vida licenciosa y sin control. Para todos estos casos hay protocolos y ayudas especiales que provienen de diversos servicios de sanidad o profesionales especialmente entrenados. Pero la *autoaniquilación psicológica por afecto* pasa desapercibida, ya que no es tan dramática y quien la ejecuta lo hace en el más cuidadoso anonimato (además, no siempre se es consciente de ello). Hay que alertar a la población sobre su existencia, porque cualquiera puede terminar entrampado en la autodestrucción del yo.

"Sólo me sacrifico un poco"

No es posible destruirse "un poco" y que ese hecho no afecte a la persona en su totalidad. Ser "un poco" ruin, de todas maneras, te hace ruin; ser "un poco" asesino te hace asesino. No es posible frenar o inhibir el impulso de tus talentos naturales o el de tus virtudes sin que lo notes y te impacte. Anularse y bloquear el desarrollo de las propias fortalezas, así sea por amor, generará una desorganización interior que tu cerebro evaluará como contraproducente y negativa. Una "pizca" de infección alterará todo tu cuerpo, y "algo" de depresión hará que andes a media máquina por la vida. El problema no es cuantitativo, sino cualitativo.

Una estudiante de medicina que mostraba un mejor rendimiento académico que su novio decidió "bajar sus notas para solidarizarse con él". Ambos estudiaban la misma carrera, pero a él le iba bastante mal, mientras que ella era considerada una de las mejores alumnas. Su táctica era la siguiente: si en un examen sabía las respuestas correctas, sólo contestaba algunas. Cuando el novio le comentaba que él había cometido muchos errores, ella lo animaba: "¡A mí tampoco me fue bien, no te preocupes, eso es normal!", y le mostraba sus calificaciones. Al poco tiempo, los profesores le llamaron la atención por su "inexplicable" descenso en el rendimiento y le sugirieron que regresara a su nivel, pero no generó cambio alguno. Ella seguía empecinada en su estrategia, y todo hacía pensar que el "amor" a su pareja podía más que el amor por la medicina. Un día cualquiera, durante una sesión, le pregunté por qué no cambiaba la manera de encarar el problema y trataba de convencer a su novio de que pidiera una asesoría profesional en el área vocacional. Me dijo que eso sería terrible para la autoestima del joven. Mi respuesta fue la siguiente: "¡No sería mucho más terrible seguir de fracaso en fracaso? Sé que no soportas verlo sufrir, pero quizá le estés haciendo un daño aún peor. Además: ¡no todo el mundo nació para ser médico! Si realmente lo quieres, busca su bien en vez de tapar o enmascarar los problemas". Finalmente, su novio asistió con un orientador profesional y, a los pocos meses, dejó la carrera de medicina y comenzó a estudiar administración, donde se destacó de inmediato. Mi paciente se liberó de la carga del sacrificio irracional y volvió a ser la buena estudiante que era, aunque necesitó varias sesiones para cambiar su estilo afectivo.

No digo que no ayudes a tu pareja; lo que sostengo es que la anulación de tus propias capacidades por amor es insostenible para quienes defienden el bienestar del ser humano. *Ayudar a la persona que amas, sin destruirte, es ayudar dos veces.*

Las buenas parejas se compensan por lo positivo

Un hombre, luego de escuchar atentamente el principio de compensación negativa y sus implicaciones, me comentó: "Caigo en cuenta de que siempre ha sido así... Por ejemplo, cuando estamos en una reunión social, trato de parecer menos 'culto' de lo que soy para que ella no se sienta mal". Parejas disparejas que se equilibran en el subsuelo, ortopedia de un amor mal conformado o deformado. No hay que cortarse una pierna para emparejar la cojera del otro; es mejor buscar un soporte o una pierna ortopédica, al menos si el interés es salir adelante. Además, ¿realmente le molesta a tu pareja que te destaques y que tus cualidades se hagan evidentes? ¿Lo crees así? Cuando le pregunté a la esposa de mi paciente si ella se sentía incómoda por no tener el "nivel cultural" que tenía su marido, me dijo que no, que por el contrario, se sentía orgullosa de sus capacidades y que cada quien tenía sus fortalezas y debilidades. El problema no era de ella.

El camino del crecimiento afectivo es buscar lo positivo en el otro y lo positivo en uno para ensamblarse en esos puntos: estar atentos a lo negativo para modificarlo y estar atentos a lo positivo para consolidarlo. Sin esguinces ni mentiras, con el dolor que se requiera y el tiempo que sea necesario. Entonces, el proceso de ajuste será dinámico, realista y honesto, y quizás hasta divertido.

El descaro: "Anúlate y me harás sentir bien"

En ocasiones, el intento de equilibrar la relación llega por otro camino más escabroso y cruel. La persona que posee el déficit opaca a la pareja para poder sobrellevar su problemática, y ésta lo asume como un "sacrificio de amor". El descaro se hace evidente en frases como ésta: "Tu éxito me deprime, ¡no es justo conmigo!". Y la respuesta del sacrificado servicial: "Trataré de no descollar tanto, para que no te sientas mal". Explotador y explotado asociados. Un señor que se sentía poco atractivo y fracasado económicamente temía que algún hombre guapo y triunfador pudiera conquistar a su flamante esposa. El método maligno y casi delirante que había desarrollado para blindar la relación era inducirla a comer todo el día para que engordara y no sea viera tan atractiva; también trataba de que se vistiera mal. Mientras él hacía todo lo posible para "deslucir" a su pareja, ella ni siquiera sospechaba que la intención de su "amado" era alejar a cualquier candidato que le resultara amenazante. La motivación del hombre era desconcertante: "Si fueras menos atractiva, viviría más tranquilo". Cuando le pregunté por qué no confiaba más en su mujer y en sí mismo, en vez crear semejante enredo, me respondió: "Soy un hombre desconfiado por naturaleza. No soy capaz de echarle ácido a la cara, aunque lo he pensado. Así que busqué algo más suave que no le haga tanto daño: afearla sólo un poco".

Cómo salirse del juego perverso de aparentar "ser menos" para que el otro se "sienta más"

1 | El amor saludable no exige autocastigo

En las buenas relaciones crecen ambos, aunque duela y haya costos que pagar. Si crees que debes incapacitarte y pasarla mal para que tu pareja sea feliz tienes un problema grave, malinterpretaste el amor. No me refiero a donar un riñón para salvar a la pareja de una enfermedad grave, sino de evitar que el otro se enfrente a su propio déficit psicológico para que lo supere. Es paradójico que tu sacrifico le impida mejorar y salir adelante: por hacer el bien, haces el mal. Además, ¿cómo superar un problema si lo escondes? El amor nada tiene que ver con llevar una cruz a tus espaldas o rodearte de cilicios complacientes. Si sacar tu lado bueno le genera inseguridad a la persona que amas, es tu pareja quien debe cambiar y no tú: ella debe alcanzarte a ti y no tú detener la marcha.

Muchas personas, influidas por una subcultura que justifica y exalta el sacrificio como el motor principal de las relaciones de pareja, consideran que el amor exige perder parte de la propia identidad. La consigna es tenebrosa: "Si amas de verdad, dejarás de ser tú". Pero no es así; en una buena relación no se pierde nada vital. No tienes que despersonalizarte para amar y ser amado o amada. Evidentemente habrá pactos y ajustes de cada lado, lo cual no significa negociar nuestros valores y principios. Lo que te define como persona es intocable, no importa cuánto amor esté en juego y cuánto desamor anticipes.

2 | Todas las parejas son disparejas

¿No sería más lógico que tu pareja se sintiera orgullosa de ti por ser quien eres, en vez de compararse contigo y deprimirse por ser "menos"? Simplemente sé tú, con tus capacidades y desaciertos, descaradamente, sin esconder ni disimular nada, y si el otro se asusta o se angustia, quizás estés con la persona equivocada. El amor envidioso no es amor.

Algunos defienden el mito de la "igualdad total" y creen que una pareja sólo funcionará si la coincidencia entre sus miembros es completa. La realidad nos enseña que no hay clones afectivos. Las "desigualdades" son inevitables y, a veces, hasta interesantes y/o pedagógicas (uno puede aprender del otro y mantener vivo el fuego del asombro), pero si somos inseguros y temerosos, cada disparidad y cada contraste se convertirá en un martirio. Un paciente me decía: "Ella tiene más dinero que yo y la gente la admira más que a mí; tiene una gran personalidad y es emocionalmente más equilibrada... No lo soporto, quiero a alguien que se parezca más a mí, alguien más pobre, menos exitosa, más odiada, más insegura... Necesito a alguien tan imperfecto como yo". El hombre se comparaba en lo que *no hay que compararse*, y la manera de solucionar el desfase era buscar una pareja que encajara mejor con sus "incapacidades". ¿Tenía razón? La polémica queda abierta.

3 | Es mejor un sufrimiento útil que una calma ficticia

No hay crecimiento sin dolor, sin molestias y sin alguna incomodidad. Crecer implica un desajuste de lo que existe actualmente, para reorganizarse en una nueva estructura. Si tu pareja desea superarse a sí misma de verdad, se valdrá de tus capacidades en vez de rechazarlas, te pedirá que le tiendas una mano y agradecerá la ayuda. Es mejor que tu fortaleza la haga fuerte a que su debilidad te debilite. Hay un sufrimiento inútil y muy dañino, que surge cuando intentas equilibrar negativamente la relación, y un sufrimiento útil, que se asocia con un cambio real y profundo de la persona que tiene problemas. Y si me dijeras que prefieres mentirle a verlo o verla sufrir, te respondería que es mucho más saludable una verdad incómoda que una mentira piadosa.

4 | Busca ayuda profesional para ambos

En las relaciones que se solidarizan por lo bajo, el problema es de ambos: uno por defecto y el otro por exceso, pero es de los dos. ¿En verdad quieres ayudar a tu pareja sin aniquilarte en el intento? En esto hay que ser valiente y tirarse al ruedo. La ayuda psicológica puede llegar a la conclusión de que ya es tarde y no hay nada por hacer o que todavía estás a tiempo de nivelar saludable y positivamente tu vida afectiva. Como sea, y esto es lo importante, en ambos casos estarás viendo las cosas como son y sin autoengaños, lo cual es imprescindible para generar una transformación significativa. Una terapia adecuada te enseñará qué cosas debes cambiar tú y cuáles debe modificar tu pareja. Ir juntos en ascenso y no en descenso.

5 | ¿Realmente quieres ser mediocre?

Creo firmemente que las personas tenemos una misión que cumplir y una porción de ese destino se relaciona con nuestras fortalezas y capacidades. La posibilidad de optimizar las virtudes que poseemos es parte de nuestra autorrealización. Para los griegos, la virtud es una fuerza o disposición que permite desarrollar lo que somos de la mejor manera posible. Apropiarse y conciliarse con el propio ser en tanto ponemos a rodar lo mejor de cada uno: puro crecimiento. No obstante, si "por amor" decido bloquear mis capacidades y "vivir menos", le estoy quitando sentido y fuerza a mi existencia. Cada vez que te anulas, que inhabilitas tu "yo", te privas de avanzar emocional y psicológicamente, y si este bloqueo se mantiene, terminarás sin saber quién eres y hacia dónde vas. Confundirás el ser con el "deber ser" o con el tener. Te perderás en tu propia limitación y te habituarás a ello: te acostumbrarás a ser mediocre, pudiendo no serlo. Si tienes la posibilidad de ser una persona brillante, emprendedora, inteligente, amable o eficiente, entre otras muchas competencias posibles, tienes que serlo; ésa es tu misión y lo que te nace. Así que cuando decides acoplarte a la incapacidad de tu pareja, corres dos riesgos: *violentarte* internamente y *resignarte* a tu nuevo papel. *Un amor que te obliga a involucionar es un castigo.*

¿NI CONTIGO NI SIN TI? ¡CORRE LO MÁS LEJOS POSIBLE!

Ni contigo ni sin ti mis penas tienen remedio.
Contigo porque me matas, y sin ti porque me muero.
ANÓNIMO

La duda en el amor acaba por hacer dudar todo.
HENRI-FRÉDÉRIC AMIEL

Conflicto insoportable, desgastante. Llevas ya tiempo tratando de acomodarte a una contradicción que te envuelve y te revuelca, te sube y te baja: "Sí, pero no", "No, pero sí". Un amor inconcluso, que no es capaz de definirse a sí mismo, puede durar siglos: *cuando estás a mi lado me aburro, me canso, me estreso, y cuando te tengo lejos, no puedo vivir sin ti, te extraño y te necesito.* ¡Qué pesadilla! ¿Cómo manejar semejante cortocircuito y no electrocutarse? ¿Semejante contradicción, sin asfixiarse? Esta duda metódica sobre lo que se siente, que no siempre se expresa claramente, funciona como las arenas movedizas: cuanto más fuerza hagas por salir, más te chupa. Las personas víctimas de este amor fragmentado e indefinido, bajo los efectos de la desesperación, intentan resolver la indecisión del otro investigando las causas, dando razones, cambiando su manera de ser, en fin, haciendo y deshaciendo los intríngulis sin mucho resultado. La razón del fracaso es que los individuos que sufren del "ni contigo ni sin ti" se inmovilizan y quedan dando vueltas en el mismo círculo, a veces por años. En la cercanía, la baja tolerancia a la frustración o la exigencia irracional les impiden estar bien con la persona que supuestamente aman, y en la lejanía, los ataques de nostalgia minimizan lo que antes les parecía insoportable y espantoso.

Un paciente tenía una novia que vivía en otra ciudad y se veía con ella cada diez o quince días. De forma consecuente con el síndrome, cada encuentro terminaba en una guerra campal y cada despedida en un adiós torturante, repleto de perdones y buenas intenciones. En una sesión, le pregunté por qué no terminaba de una vez por todas con semejante tortura, y me respondió: "Yo sé que lo nuestro no es normal. Cuando estoy con ella, no puedo contenerme y le hago la vida imposible. En esos momentos pienso que necesito a alguien mejor y estoy dispuesto a terminar, pero no soy capaz. Al despedirnos, me siento muy triste, los pocos momentos agradables que tuvimos pesan mucho. Después, nos llamamos veinte veces al día, nos decimos que nos amamos, que no podemos vivir el uno sin el otro y todo es así, como un karma que se repite una y otra vez". La conclusión de su relato era poco menos que sorprendente: ¡mi paciente no amaba a su pareja, sino su ausencia! Enamorado de una fantasma que obraba como un demonio. Volví a insistir: "¿Por qué no terminas con todo esto y te das la oportunidad de encontrar a alguien que puedas amar las veinticuatro horas, sin tantas fluctuaciones?". Su respuesta: "Siento que nunca le he dado una oportunidad a la relación". Mi pregunta: "Van cuatro años, ¿no es suficiente?". El hombre siguió dos años más en este estira y afloja, hasta que conoció a una persona en la ciudad donde vivía; sin embargo, el "ni contigo ni sin ti", al poco tiempo, volvió a manifestarse. El problema no era la distancia, sino su manera distorsionada de amar. Cada vez que se enamoraba, dos esquemas hacían su aparición e interactuaban mutuamente: el miedo al compromiso y el apego sexual. El "quiero" y el "no quiero" oscilaban entre el pánico a establecer una relación estable y el deseo desbordado. Obviamente, él no era consciente de lo que le ocurría, y sólo logró nivelarse luego de varios meses de terapia.

¿Estás en un embrollo similar? ¿Lo estuviste? Si no es así, no cantes victoria, porque cualquiera puede involucrarse en una relación de estas. Los indecisos afectivos andan por la calle, rondan tu espacio vital y, por desgracia, es posible que le gustes a más de uno. La premisa que debes incorporar a tu mente y que luego operará como un factor de inmunidad es la siguiente: *si alguien duda que te ama, no te ama.* Directo y a la cabeza. Que no me vengan con cuentos: a los enamorados de verdad hay que frenarlos y no empujarlos. Gibran afirmaba en su sabiduría: "El amor y la duda jamás se llevaron bien". Y es verdad: si se harta con tu presencia, ¿para qué vuelves? Si tiene tantas dudas neuróticas, ¿por qué no te alejas hasta que las resuelva? Un joven le mandó el siguiente correo electrónico a una novia "ni contigo ni sin ti", que lo estaba enloqueciendo:

> Tu indecisión afortunadamente no se me ha contagiado. Yo sé lo que quiero, te quiero a ti... Pero te quiero dispuesta, segura, comprometida, dichosa de que yo esté en tu vida, en vez de tratarme como si yo fuera un problema. Como no sabes lo que quieres, trata de definirte, yo mientras tanto empezaré a salir con otra. Cuando estés lista, me llamas y veremos si estoy disponible o no... Ya no quiero hacerme cargo de tus dudas; eres tú quien debe resolverlas, no yo.

De inmediato, como era de esperar, a la muchacha se le activó el "sin ti" y entonces suplicó, tocó puertas, juró y prometió hacer lo que fuera, pero afortunadamente el joven no dio el brazo a torcer. Su argumento era simple: "No te creo". Al mes, ella seguía con su duda metódica (no había cambiado un ápice), mientras que él ya estaba enganchado con una mujer menos insegura y más coherente.

Hasta dónde aguantar la indecisión del otro

Decenas de miles de personas en todo el mundo son víctimas de las inseguridades sentimentales de sus parejas, quienes, además de producirles un tremendo dolor, les exigen "paciencia". ¿De qué paciencia hablan? En una relación sana y equilibrada los dos andan a ritmos similares, no a igual velocidad, pero por la misma senda. Recuerdo que un amigo inició una relación con una mujer que no estaba segura de nada, y menos de quererlo. El hombre sufría tanto que, en cierta ocasión, decidí confrontarlo y le pregunté qué estaba esperando para romper con ella. Su respuesta fue: "Estoy esperando que su corazón se defina". Realmente esperaba un trasplante. La indecisión de la muchacha me recordó a una caricatura del humorista Quino, donde aparecía un personaje personificando a Sócrates. En el primer recuadro, el filósofo, con una mirada trascendente, afirmaba: "Sólo sé que no sé nada"; y en el segundo, su expresión de sabio cambiaba radicalmente y, rascándose la cabeza, se decía a sí mismo: "Y a veces no estoy seguro". ¿Habrá mayor confusión? Hay mucha gente así, especialmente en los temas afectivos: "Sólo sé que no sé si te quiero y, a veces, no estoy seguro".

¿Hasta dónde aguantar? Ni un ápice. Si alguien vacila y se pega al "ni contigo ni sin ti", la solución debe ser rápida y contundente. Esto puede generar angustia en el dubitativo, y es posible que arremeta rasgándose las vestiduras y prometiendo un amor "constante". ¿Otra oportunidad? Muchos la dan. Pero si quieres mantener un comportamiento saludable sigue este consejo: en cuanto el "ni contigo ni sin ti" asome, así sea un tris, ¡aléjate!

La trampa del reto personal

Una mujer atractiva e inteligente había entrado en un juego perverso por culpa de su ego. Le llovían pretendientes y podía haber elegido a cualquiera, sin embargo, tuvo la mala suerte de encontrar un hombre "ni contigo ni sin ti", que se resistió a caer rendido a sus pies: un día quería y al otro no sabía qué hacer. La mujer, acostumbrada a ganar siempre, se sintió afectada en su autoestima e hizo lo que nadie debería hacer en una situación como ésta: convirtió la conquista en un reto personal. Los retos en el amor no son aconsejables; es como jugar con una granada de mano sin el seguro puesto. Cuando la gente me dice que su relación se ha convertido en un "reto" o en un "desafío", sé que la relación no es buena. Mi paciente estuvo tres años enganchada entre el odio y la alegría esporádica de un amor totalmente indeciso. Es el síndrome del "cazador cazado": de tanto insistir e intentar resolver lo que no tenía solución, terminó enamorada hasta la médula. ¡Tres años metida de pies y cabeza, sin más objetivo en la vida que convencer al otro de que la amara de tiempo completo! Aristófanes, el gran comediante griego, afirmaba: "Si no te quieren como tú quieres que te quieran, ¿qué importa que te quieran?". Dicho de otra forma: si no saben que te quieren, ¿de qué te sirve ese amor?

Algunas causas del "ni contigo ni sin ti"

No pretendo que con esta información te conviertas en psicólogo o psicóloga aficionada y trates de rescatar a tu desorientada pareja del mal que padece. Lo que te propongo es una mayor comprensión del problema y que puedas identificar más claramente el lío afectivo en el que estás. Aunque hay muchas causas posibles, señalaré las cuatro razones más comunes por las que la gente termina en un amor ambiguo y contradictorio.

Apego sexual

El apego sexual, cuando es lo único que existe, genera una forma de atracción/repulsión. La lógica subyacente es más o menos como sigue: "Cuando no estás conmigo, el deseo me impulsa a buscarte a cualquier costo, pero luego, una vez que me sacio, quiero escapar de tu lado, porque tu sola presencia me genera fastidio".

¡Qué fácil confundimos el amor con el sexo! Además de que el orgasmo parece tener cualidades místicas, una de las principales razones de la confusión es que el deseo sexual une fuertemente a las personas. No hay enamorado verdadero que no desee "devorar" al ser amado. Un hombre me decía: "¿Por qué quiero casarme? ¡La amo! ¡La necesito! ¡La deseo!". La semántica del amor y la del sexo: sentimiento, posesión/apego y sexualidad. ¿Cómo dudar si hay de todo? Pero si lo único que te une son las ganas sexuales, cuando *eros* se va o se acaba, el otro se hace insoportable.

El apego sexual a una persona es similar a cualquier adicción en cuanto a sus consecuencias y características. No hablo de la dependencia "del sexo por el sexo", sino de la dependencia sexual hacia alguien, a un cuerpo, a una anatomía específica, a una aproximación que encaja a las mil maravillas y se hace extremadamente placentera. En cierta ocasión, le pregunté a una mujer qué era lo que más le atraía de su amante. La respuesta duró varios minutos: "Su olor... ¡Dios mío, su olor! Huele a almendras tostadas... Y los brazos, la forma del bíceps... tiene una curva... Las venas de la frente cuando se ríe. Los hombros en el momento de la eyaculación se inclinan hacia atrás y lo veo como un egipcio, como un faraón. Siento como si su pene me perteneciera y me completara en cada orgasmo... Puedo tener infinidad de ellos y cuantos más tenga, más sigo teniendo. Y otra cosa, el calor de su cuerpo nunca cambia, siempre es tibio. Antes nunca había reparado en las nalgas de un hombre, mi marido no tiene casi, pero ahora sí me fijo en las de él, tan paradas, tan redondas, me excitan y cuando camino a su lado, quiero mordérselas. ¡Es demasiado amor!". ¿Sí sería amor? Lo dudo, más bien estaba "enamorada" de un cuerpo y del placer que le proporcionaba: dependencia sexual a la enésima potencia. ¿Qué extrañaba de él cuando no lo tenía a su lado? Lo fisiológico, los recovecos de las formas, la piel, la temperatura corporal, las venas, los músculos, en fin, la apetencia de la cual no era capaz de prescindir. Me pregunto: ¿qué haría esta mujer si su amante cayera en desgracia y sufriera un accidente que lo hiciera inválido? ¿Amaría igual a este hombre con unos diez kilos de más y un abultado abdomen? Después de escuchar su descripción "sensorial", le pregunté qué otro atributo admiraba de aquel hombre, y señaló dos cualidades, para ella determinantes: "Va al gimnasio y levanta pesas".

La intolerancia a la soledad

Así como el apego sexual puede ser una motivación para estar con alguien, la soledad mal manejada empuja a las personas a buscar compañía, cosa que nada tiene que ver con el amor. La pareja es un paliativo para sobrellevar una vida solitaria y, con el tiempo, el alivio que genera ese acompañamiento se va convirtiendo en apego: *necesito tu presencia, no soporto ver mi mundo despoblado.* Recuerdo la declaración de amor que un hombre le hizo a una mujer en mi presencia: "Tú llenas un vacío". ¿Amor estomacal? ¿Amor compensatorio? Un amor que "llena un vacío" es un amor sospechoso, demasiado funcional para mi gusto. También he escuchado decir a veces: "Tú me completas", como si el otro fuera una prótesis. En el caso que estoy comentando, el "vacío" del que hablaba el supuesto enamorado no era otra cosa que la soledad en la que se hallaba. El mensaje subyacente podría haberse expresado en otros términos: "En mi vida hay mucho lugar disponible, demasiado espacio para una sola persona, ¡por favor, ocúpalo!".

El conflicto que genera la intolerancia a la soledad es complejo. La dinámica oculta es más o menos como sigue: "Cuando estoy sin ti la desolación me agobia y te necesito, pero cuando ya estás en mi hábitat comienzo a extrañar mi soledad". ¡Inmanejable! La hipersensibilidad a la soledad produce mucho malestar y hacemos cualquier cosa para evitarla. Algunos, hasta se casan.

Miedo al compromiso afectivo

Los que temen asumir compromisos afectivos manejan un marcado "ni tan cerca ni tan lejos" emocional: "Me gustas, me encanta estar contigo, pero si te introduces siquiera un milímetro en el territorio de mi reserva personal e intentas poner a tambalear mi soltería/autonomía, me alejaré de inmediato". El problema es que al no hacerlo explícito, sus "casi parejas" viven en una zozobra permanente. Si estás en una relación de este tipo, no te queda mucho por hacer, más que rezar o irte. Mientras el sujeto "anticompromiso" la pase bien contigo y la cosa se quede en lo superficial, todo marchará sobre ruedas. La problemática se hará evidente cuando el "estar bien" toque alguna fibra afectiva de su persona y empiece a sentir que podría enamorarse de ti y perder en consecuencia su libertad. De ser así, se alejará o desaparecerá como un suspiro. No quiero decir con esto que la soltería sea un error; por el contrario, pienso que es un proyecto de vida válido y respetable como cualquier otro. Sin embargo, los solteros o solteras "por convicción" aman su soledad, y si permiten a alguien entrar a su espacio vital, no lo hacen con miedo ni con tabúes.

El sentimiento de culpa

Hay personas que ya no quieren a su pareja, pero la culpa les impide separarse. Un paciente le explicaba lo siguiente a su esposa: "Cuando estás lejos, sé que sufres y entonces me acerco por lástima, pero cuando estamos juntos, me da rabia de que no seas lo suficientemente valiente para dejarme ir". La esposa se limitaba a pedir otra oportunidad, como si no hubiera escuchado lo que el hombre le estaba diciendo. El mensaje era dolorosamente claro: no la amaba, la compadecía. Sin embargo, mi paciente partía de una falacia errónea: culpaba a su mujer por no dejarlo ir, cuando en realidad lo que lo mantenía atado era "el dolor de verla sufrir". Estar con alguien para aminorar la culpa es un contrasentido que termina agudizando el sufrimiento del otro. Es preferible que te dejen honestamente a que estén contigo por caridad y compasión. No eres una obra benéfica.

Cómo afrontar la ambigüedad afectiva y no caer en el juego de una espera inútil

1 | **No aceptes pasiva y condescendientemente el rechazo**

¿Por qué debemos aceptar resignadamente el fastidio y el rechazo del otro? Un "minidesgano" esporádico es lógico y ocurre prácticamente en todas las relaciones, pero el disgusto reiterado es inaceptable. Tú sabes cuándo te quieren de verdad, cuándo te aman o se hartan de ti. Tú lo sabes y no necesitas un mundo de especialistas para que te señalen lo evidente. Un hombre, a quien su esposa lo maltrataba psicológicamente y que vivía obnubilado por el enamoramiento, me dijo una vez: "¡Usted exagera, doctor! No me odia *todo el tiempo*". ¿Sería aceptable si nos torturan sólo un poco? Hay cuestiones donde los puntos medios son inadmisibles. No disculpes el desamor del otro; no te digas: "Ya pasará; hoy está en su pico negativo y mañana volverá a amarme". Mi recomendación psicológica es sencilla: *cuando tu pareja "ni contigo ni sin ti" entre en la fase de antipatía y/o desprecio hazte a un lado; no te quedes allí para recibir el castigo del rechazo.* Retírate, aíslate, sienta un precedente de que no estás dispuesto o dispuesta a seguir en esas condiciones. A esta retirada estratégica se le conoce como *time out* (tiempo fuera): salirse de la situación que escapa de tu control, para analizarla a la distancia. Si lo haces y te alejas, tu comportamiento hablará por ti, así no digas una palabra: *no acepto tus fluctuaciones afectivas, estás o no estás. Tus dudas no son negociables para mí.*

2 | No saltes al compás del otro

Este punto es un corolario del anterior, una reafirmación del "no más". Si decides seriamente salirte del juego, notarás que, poco a poco, tus emociones empezarán a depender de ti. Este proceso se conoce como *autorregulación*. La actitud dubitativa del otro te afectará menos. Cuando uno es íntimamente fuerte, lo cual significa hacerse cargo de uno mismo ("Yo mando sobre mí"), lo externo te mueve, pero no te tumba.

Recuerdo el caso de un paciente que saltaba al compás del estado de ánimo de su pareja, quien no había podido olvidar a su novio anterior. Durante los periodos en que ella no recordaba al ex, era amorosa y querida, pero si la memoria del novio se activaba, se comportaba de una manera distante y odiosa. Lo curioso es que el hombre había desarrollado una perfecta sincronía con esos estados emocionales, de tal forma que pasaba de la depresión a la euforia según se sintiera amado o no por la mujer (la gente cercana podía inferir si ella estaba "nostálgica" con sólo verlo a él). Al cabo de unos meses de trabajo terapéutico intenso y difícil, logró crear un ritmo emocional más independiente. Sus pensamientos afirmativos eran: "Yo mando sobre mí", "No dejaré que me afecten sus emociones negativas", "Pensaré menos en ella", "Mi vida no puede girar alrededor de su estado de ánimo", en fin, comenzó una lucha interior, un plan de resistencia afectivo, para no dejarse arrastrar por la incertidumbre y las dudas que ella manifestaba. Finalmente, tras varios intentos fallidos de salvar la relación, la mujer volvió con su exnovio, y mi paciente, que ya estaba preparado para lo peor y fortalecido psicológicamente, no sintió tanto el golpe y logró salir del atolladero sin trauma.

3 | No te enfrasques en explicaciones y discusiones inútiles

Estar con alguien "ni contigo ni sin ti" puede llevarte a creer que recurriendo a razones lógicas y bien sustentadas él o ella se darán cuenta de la causa de sus dudas y cambiarán positivamente. No te ilusiones, el problema no se debe a la falta de información. Más aún, es muy probable que tus intentos "aclaratorios" terminen creando un clima de oposición negativa de mayor envergadura. No te enfrasques en una disputa inútil ni pretendas resolver el problema con demostraciones y argumentos pedagógicos: la causa suele ser mucho más profunda. Además: ¿qué vas a explicarle? ¿Que un amor normal no tiene tantas oscilaciones y dudas? ¿Acaso no lo sabe? Hay cosas que no se piden. ¿Qué pensarías de alguien que dijera: "Mi pareja me maltrata; ya me ha mandado al hospital dos veces... Yo creo que nos falta comunicación"? Habla menos y actúa más. *O te aman como mereces o es preferible que no te quieran.*

4| No confundas los roles: eres pareja y no terapeuta

Algunas víctimas del "ni contigo ni sin ti" asumen el papel de terapeutas y comienzan a tejer teorías de todo tipo (la mayoría sin fundamento e inverosímiles) para explicar la indecisión del otro. En realidad, es menos doloroso pensar que alguna "enfermedad" explica el hecho, a pensar que simplemente no nos aman por lo que somos. Estos "buenos samaritanos" leen sobre el tema, van a cursos y piden consultas de todo tipo para resolver el enigma que los carcome: "¿Realmente me ama?". Preferimos ser terapeutas que ser víctimas. Una mujer que llevaba más de dos años en este estira y afloja me decía: "Pobre, él no está bien. No quiere recibir ayuda, pero me gustaría saber cómo sacarlo del pozo en el que se encuentra". Esta paciente había tenido tres crisis depresivas y un trastorno de pánico a raíz de la relación tortuosa que llevaba con su ambivalente pareja y ¡prefería ayudarlo a él, que ayudarse a sí misma! Mientras tanto, al hombre parecía importarle un rábano lo que estaba ocurriendo y se negaba a recibir tratamiento, a sabiendas del daño que estaba provocando. ¿No era suficiente motivo para mandarlo a la porra?

Primero, preocúpate por tus problemas. Intenta sanarte de tanto ajetreo y luego, si te quedan restos, decide qué hacer: permanecer en la boca del lobo o liberarte. Al menos actuarás por convicción. Grábalo a fuego, así no te guste: *el conflicto de tu pareja con respecto a cómo y cuánto te quiere debe resolverlo ella y no tú.*

5 | No permitas que te endulcen los oídos

¡Es tan fácil convencer a una persona enamorada! Esto no significa que no debamos creerle a la pareja, sino que en ocasiones es mejor mantener una buena dosis de escepticismo. El criterio de confiabilidad podría ser como sigue: ¿hasta dónde sus actos en el pasado han respaldado sus promesas y compromisos? El pasado te condena o te realza. Si te han prometido una y otra vez lo mismo y no han cumplido, resérvate el beneficio de la duda o no le creas. Piensa: si ha sido una persona incoherente y mentirosa antes, ¿por qué no habría de serlo ahora? ¿Acaso ha sufrido alguna mutación desconocida? El amor se tiene que ver, no sólo decir. Yo sé que podemos volvernos adictos a las bellas palabras, pero el mejor antídoto contra los cantos de sirena es no perder de vista el contexto de *toda la relación*. A las palabras se las lleva el viento y lo que queda, a fin de cuentas, son las acciones. Medita en esta premisa: *¿de qué te sirve que te endulcen los oídos, si te amargan la vida?*

EL PODER AFECTIVO LO TIENE QUIEN NECESITA MENOS AL OTRO

El apego corrompe.
JIDDU KRISHNAMURTI

Esa necesidad de olvidar su yo en la carne extraña es
lo que el hombre llama noblemente necesidad de amar.
CHARLES BAUDELAIRE

En la mayoría de las parejas, soterrada o abiertamente, se establece una lucha por el poder, la cual puede entenderse como una confrontación de debilidades (quién de los dos es más sensible al dolor de una ruptura) o fortalezas (quién de los dos aguantaría más la pérdida del otro).

Supuestos y anticipaciones catastróficas, cotejadas y medidas en el día a día que definen al *afectivamente* dominante. Las jerarquías son desagradables, pero también suelen ser inevitables, y aunque casi siempre soñamos con un amor horizontal y democrático, la dependencia emocional enturbia las cosas y genera lo que podríamos llamar un "poder afectivo" que responde a una pregunta fundamental: *¿quién necesita menos al otro?*

Krishnamurti afirmaba que el apego corrompe, lo que equivale a decir que lo que más teme la persona apegada es perder a la persona que le representa una fuente de seguridad/placer. En los dependientes, la retención y mantenimiento de la pareja prevalece a como dé lugar y más allá de cualquier principio. Decir: "¡Sin él no soy nada!" o "¡Sin ella mi vida no tiene sentido!" es poner la propia existencia en manos ajenas. Si pienso que mi vida se acaba cuando no estás, entonces haré cualquier cosa para retenerte y no tendré límites. Hablamos de vida y de muerte, porque, en el apego, la persona amada es el aire que se respira.

La adicción afectiva es una enfermedad, no importa cómo la queramos presentar, no importa el envase: *el apego es la incapacidad de renunciar a la pareja cuando debe hacerse.* ¿Y cuándo debe hacerse? Al menos en tres situaciones: cuando ya no te quieren, cuando tu autorrealización se ve bloqueada o cuando tus principios se ven afectados. En este libro encontrarás más razones válidas de renuncia emocional.

Entonces, la lucha por el "poder afectivo" es el forcejeo que se genera a partir del apego o el desapego que se maneje en cada relación. Si tu pareja depende de ti menos de lo que tú dependes de ella, al menos en teoría, tu pareja podría prescindir de ti más fácilmente de lo que tú podrías prescindir de ella. Esta "desventaja" es procesada consciente o inconscientemente por tu mente, que de inmediato actuará a la defensiva, porque se sentirá en una posición de inferioridad emocional, aunque tu pareja no quiera aprovecharse de esto. Quizá la molestia no se haga evidente en condiciones normales, pero es muy probable que se active cuando haya peleas o discusiones y al apegado se le dispare la confirmación del peor de los temores: "¡Me va a dejar!".

Por su parte, los que ostentan el poder afectivo no suelen lamentarse demasiado. Más aún, he visto casos de apego en que esta diferencia es considerada como un privilegio o un seguro contra el posible desamor del otro. A ciertas personas emocionalmente inseguras les encanta estar con alguien extremadamente dependiente. Una mujer me decía: "Lo que más me gusta de él es que no pueda vivir sin mí, porque yo le doy sentido a su vida. Por eso, no lo dejo leer sus libros sobre el apego". Dicho de otra forma: amo tu patología porque sé que gracias a ella nunca serás capaz de dejarme, haga lo que yo haga. No hay nada más placentero para una persona que sufre de apego que estar con otra más apegada. Es la proclama de dependencia afectiva que circula soterradamente entre los enamorados que son incapaces de vivir sin el otro: "Apegados del mundo, uníos".

Desapegarse es amar más y sufrir menos

Hay relaciones donde uno practica la autonomía extrema y el otro el máximo amor adictivo. Ambos sufren, uno porque se siente asfixiado y el otro porque se siente a punto de ser abandonado. Pero más allá de estos casos extremos, las parejas suelen acomodarse, tratando de que la diferencia entre ellos sea lo más llevadera posible. ¿El método de calibración? Desapegarse un poco y distribuir mejor el poder. No es una revolución ni una gesta por la libertad total y definitiva, sino una forma amable de compartir y negociar las respectivas adicciones.

Cuando hablo de "desapego", no me refiero a dejar de amar o despreocuparse irresponsablemente del otro; hablo de amar de una forma más tranquila y libre. Es decir, amar con *independencia* (poder hacer un uso adecuado del tiempo personal), de una manera *no posesiva* (nadie le pertenece a nadie) y sin la *necesidad imperiosa* del otro (manejar la soledad y tener actividades sin la presencia de la pareja). Si eres capaz de decidir sobre tus tiempos, no sentirte "de nadie" y poder andar a solas por la vida, entraste al terreno de un amor maduro.

No soy idealista en esto y tengo claro que nunca he visto un Buda en pareja; por lo tanto, sin llegar a los extremos de buscar la "impermanencia afectiva" o de percibir en la propia pareja a "todas las personas del mundo" (amor cósmico, amor sin motivo), propongo algo menos universal y más localizado: ser "similarmente dependientes" e ir trabajando juntos un desapego personalizado. De acuerdo con cada estilo afectivo particular, sacudirse un poco o hasta donde sea posible de la apetencia amorosa que nos quita el sueño, así sea de tanto en tanto.

Dos consecuencias típicas de la subordinación afectiva: ansiedad anticipatoria ("Me va a dejar") y sumisión ("Temo decirle que 'no'")

Si estás por debajo de tu pareja en el juego del poder afectivo es probable que aparezcan en ti dos síntomas claros de inseguridad y temor:

a) Buscar la certeza de que nunca te dejarán, lo cual es imposible. Y como la probabilidad de perder al otro nunca es cero, el miedo al abandono estará activado constantemente. A esto lo llamamos *ansiedad anticipatoria*: adelantarse a la "catástrofe" del desamor o de la soledad impuesta. La gente que es más apegada que su pareja suele convertirse en una experta en leer emociones y gestos del otro, esperando hallar indicadores de desamor. Un paciente me decía con angustia: "Ella es muy tranquila, nunca muestra celos ni me pregunta dónde voy ni con quién. Tiene tanta confianza en mí que me hace dudar... ¿O será una estrategia para que yo no le pregunte?". La paranoia siempre se filtra cuando la incertidumbre está presente. A la esposa de mi paciente no le pasaba nada raro; simplemente era una mujer que practicaba una relación independiente: *podía ser ella misma, estando en pareja*. Nuestra cultura ha asociado el amor al sufrimiento, de tal manera que si la relación no genera ningún tipo de "dolor amoroso", el amor es insuficiente o enclenque. ¡Qué gran estupidez y cuántos lo piensan!

El compromiso afectivo no se instaura sobre la base de la invasión mutua, como lo promulgan los adictos afectivos. Amar tampoco es una declaración de guerra o una apropiación indebida del ser ajeno: *aunque te duela reconocerlo, tu pareja no te pertenece, no es "tuya"*. Es enfermizo pensar que la persona que amas te dejará porque no es tan adicta como tú. Si lo que pretendes para estar tranquila o tranquilo es ver a tu pareja tumbada, con ojeras, deprimida y temerosa de que la dejes, tienes los cables cruzados: no es ella la que debe volverse apegada a ti, sino que eres tú quien debe desapegarse de ella en el sentido que he descrito antes.

b) Si la estrategia que utilizas para no dejar ir a tu pareja es la obediencia ciega, tal como dije, el efecto será paradójico: ¡el recurso de decir "sí" a todo y someterte termina por cansar al otro! Si tu pareja es más desapegada que tú, no tienes que rendirle honores. El mecanismo de sumisión funciona como una espiral descendente: cada vez que te sometes, te apegas más. No digo que comiences una guerra de desamor y alejamiento, sino que pienses y actúes de manera más libre, sin estar encadenado o encadenada a nadie. *La esclavitud afectiva no es una ficción o un hecho pasado de moda. Está vigente y destruye a infinidad de individuos en todo el mundo: ocurre cuando el miedo a perder al otro hace que te olvides de tu persona.*

Los que se aprovechan del poder afectivo

No faltan quienes intentan sacarle provecho a la "independencia afectiva". La estrategia consiste en recordarle permanentemente al otro (al más dependiente) que podrían renunciar en cualquier momento a la relación. Una espada de Damocles que apunta directamente al corazón: "Si no me das gusto y 'te portas mal', me perderás". O en otra versión: "Soy afectivamente más fuerte que tú y por eso tengo más derechos". Nietzsche decía que el poder es el afrodisiaco más fuerte, y, si lo mezclamos con algo de amor, el efecto se hace exponencial.

Existe el *abuso del poder afectivo*. ¿Por qué hablo de abuso? Porque el que ejerce el poder saca ventaja de la debilidad emocional del otro, de su incapacidad de alejarse afectivamente, si tuviera que hacerlo. En cierta ocasión, una mujer que tenía por pareja a un hombre supremamente adinerado me comentaba de qué manera lo manipulaba. "El amor que siente por mí lo tiene atrapado y yo me remito a tenerlo en el filo de la navaja: 'Si te portas mal, te dejo'. Él sabe que puede perderme en cualquier momento y, por eso, a todo lo que le pido me dice que sí. Me quiere más de lo que yo lo quiero o, a decir verdad, no sé si lo quiero". ¡Pobre hombre! ¡Y él juraba que su relación era excelente!

Si eres víctima de una relación donde el otro abusa del poder afectivo que le otorgas, *no sólo te ama mucho menos de lo que tú lo amas (lo que ya es preocupante), sino que además saca partido de la diferencia.* ¿Tiene sentido seguir allí? No lo tiene. Para salvar la pareja habría que reestructurar la dinámica básica del amor y establecer un vínculo sin explotadores ni explotados y sin vencidos ni vencedores. En mi experiencia, cuando el que está por debajo hace un "golpe de estado", por las razones que sea (hartazgo, desamor, la presencia de otra persona, desapego saludable), y las relaciones de poder se invierten, el que tenía el papel de "amo" adopta la posición de "esclavo" en un santiamén. *Tú alimentas al que podría acabar contigo. Quítale el poder: ¡desapégate!*

Algunas sugerencias para trabajar el desapego y nivelar el poder afectivo en la pareja

1 | Asume la libertad y ejércela

En mi consulta he visto a muchísimas personas que temen ser libres, porque la autonomía implica asumir una responsabilidad esencial frente a uno mismo: ser el único y el último juez de la propia conducta. Puede resultar aterrador si no se procesa adecuadamente y se acepta que el verdadero control es interior. Para ejercer el derecho a la libertad hay que ser valiente y atrevido, hay que soltarse, decidir por uno mismo y jugársela, y para lograr todo esto se necesita una mente que no esté atada a ningún lastre psicológico o emocional. Tampoco estoy diciendo que podemos hacer cuanto nos venga en gana y olvidarnos de los demás, sino que debemos canalizar nuestros deseos para intentar llevarlos a cabo y repudiar cualquier tipo de sometimiento, provenga de donde provenga. *Si amar a tu pareja implica perder la libertad básica de sentir y pensar por ti mismo, estás dominado o preso*. Empieza a tomar aquellas decisiones que te nacen del alma, a opinar sin temor y a expresar tus sentimientos sin esperar consensos ni aprobación. Se trata de mantener intacto tu núcleo duro, ir y venir sin permisos ni justificaciones, ser tú en cada momento y a cada latido.

2 | Ensaya la soledad

Un paciente me dijo una vez: "¿Para qué voy a ir al cine, si ella no está?", y el cine le encantaba. También recuerdo a una mujer que cada vez que su marido viajaba, descuidaba su arreglo personal al máximo (en realidad ni se bañaba) y se encerraba a ver televisión todo el día. No estaba deprimida, era víctima de un pensamiento dependiente: "¿Para qué, si él no está?". Absurdo, como cualquier patología: para qué vestirme, para qué cuidarme, para qué conectarme con la gente, en fin, para qué vivir, si el hombre o la mujer (*mi* hombre o *mi* mujer) no están presentes. Los que son más o menos independientes saben que mantenerse ordenado, limpio y bien vestido es para agradarse a sí mismo. ¿Narcisismo? No. Más bien autoexhibicionismo: sentirse atractivo sin acuerdos ni consensos externos, ser espectador de uno mismo. Cuando estamos en pareja, nos acostumbramos a hacer la mayoría de las cosas *de a dos*, y eso penetra nuestro repertorio conductual hasta que se transforma en hábito; y si el otro no está presente, nos sentimos extraños y desubicados, como si las cosas carecieran de sentido de un momento a otro.

La soledad no se define por sustracción de materia (estar "sin ella" o "sin él"), sino por una multiplicación del "yo" que se recrea en el autodescubrimiento. Y no estoy hablando de los retiros espirituales o de irse al pico de una montaña desolada (si bien no niego que a veces pueda ser útil hacerlo); lo que sugiero es apropiarse de la soledad, tocarla, ensayarla y meterse de lleno en ella, perderle el miedo y convertirla en una experiencia alegre y fructífera. La soledad inteligente no es desolación o aislamiento; es una elección razonada donde los demás siguen disponibles para el encuentro: tu pareja no es un lazarillo (aunque a veces ladre).

Invítate a salir a ti mismo y conversa de "tú a tú" o de "yo a yo". Tu mente te extraña. Y aunque hagas todo lo posible para justificar la presencia de la persona que amas a cada instante de tu vida, tendrás que reconocer, así sea a regañadientes, que la pareja a veces sobra y molesta, aunque la ames. Hay momentos que son *exclusivamente* tuyos y que no están diseñados ni pensados para nadie más.

3 | No tienes por qué contarle todo a tu pareja

La verborragia amorosa genera confusión, porque de tanto hablar en algún momento diremos algo que no debemos y que se hace incomprensible para el otro. La comunicación compulsiva no es una virtud. Una paciente, en un ataque de sinceridad desproporcionada, le confesó a su pareja que siempre había sentido cierta atracción por el esposo de su hermana, pero que "sólo era atracción y nada más". Eso fue como clavarse un cuchillo. Convirtió un pecado venial (imaginativo, juguetón, inofensivo) en uno mortal, porque a partir de ese momento el marido cortó relaciones de por vida con su concuño, al considerarlo altamente amenazante para la estabilidad familiar. ¿Por qué le dijo? Unos días antes, había estado en una conferencia donde un experto afirmó que en una buena vida de pareja no debía haber secretos, y ella lo asumió de manera radical. Mi opinión es que sí los hay, y muchos. En una relación afectiva inteligente, ambos saben que hay ciertos "expedientes secretos", pequeños o grandes, que no deben abrirse sin la autorización del acusado.

En esto de la información es mejor manejar cierto recato y no soltarle al otro todo lo que pensamos y sentimos a quemarropa. No hablo de infidelidad, sino de opiniones, gustos o pequeñas fantasías que no son para compartir, que son propias e intransferibles. Hace muchos años, una de mis tías le contó a su esposo que vivía "enamorada" de un actor de aquella época llamado Ugo Tognazzi. Mi tío entró en pánico y comenzó tener pesadillas con el hombre. ¿Cómo competir con semejante adversario? Mi tía lo tranquilizó con el siguiente argumento: "Enamorada, lo que se dice enamorada, no... Es como inquietud". Vaya a saber cómo procesó esta información mi tío, que la cuestión se zanjó rápidamente y todo volvió a la normalidad. Sin embargo, cuando el tema salía de tanto en tanto en alguna conversación, yo percibía en ella cierta picardía que me hacía pensar que continuaba imaginariamente con su enredo cinematográfico.

Amar no requiere dejar al descubierto cada elemento de tu personalidad, ni que tu mente funcione en conexión directa con la de tu pareja. Repito: hay cosas que son únicamente tuyas, que te pertenecen por derecho propio y forman parte de tu ser, como tus huesos y tu piel. No te sientas culpable de no contarlo todo; eso mantiene viva tu identidad, tus creencias, tus sueños, tus metas, tus dudas... *tus*... Anota esta premisa y tenla a mano, te mantendrá alerta: *ser uno con la persona que amas es dejar de ser tú.*

4| Explora situaciones nuevas

Si quieres desapegarte, debes sacar a relucir el espíritu aventurero que hay en ti. Hasta el más cobarde o el más recatado lo poseen, sólo es cuestión de tocar la tecla adecuada. Por desgracia, aunque nacemos con el instinto de husmear en el mundo, el aprendizaje social está organizado para frenar este impulso: mucha investigación vivencial asusta, no vaya a ser cosa que nos liberemos demasiado. Las personas que no sufren de apego son exploradoras de corazón y de acción, son curiosas y observadoras: voyeuristas de la existencia. No me refiero a las indagaciones irresponsables como probar drogas y estupideces similares, sino al don de maravillarse o decepcionarse ante lo existente, investigar por investigar, ver lo que es, fisgonear, como hace el gato. Las personas apegadas a su pareja pierden ese comportamiento, lo sacrifican "por amor" y creen que la exploración es potencialmente peligrosa porque sienten que su pareja podría alejarse de ellas. Por eso adoran la rutina y la defienden a capa y espada: el miedo a perder al otro opaca la pasión por el descubrimiento, aquieta el impulso viajero, lo amansa.

Si en verdad quieres cambiar, empieza por cosas sencillas. Trata de romper tus costumbres cotidianas: toma atajos, aprende a ser más nómada. Si merodeas tu entorno de otra manera, con despreocupación y frescura, encontrarás infinidad de cosas que no habías degustado o sentido antes. Hablo de desempolvar la capacidad de asombro y echarla a rodar. ¡No necesitas a tu pareja para hacer esto! La gente dependiente termina en una especie de sopor existencial de tanto pensar y actuar en función de su "mitad". El "yo" se adormece en los automatismos. ¿A veces no tienes la impresión de que se acabaron los temas de conversación con tu pareja? ¡Y cómo no habrían de acabarse si nunca pasa nada nuevo! Un paciente me decía: "Lo que usted me pide, doctor, es peligroso. Si yo exploro, le estaré dando a ella autorización para que también lo haga". Le respondí: "¿Y cuál es el problema? Tendrán muchas más cosas de que hablar, mucho más que compartir, serán personas vivas y despiertas". Más tarde me confesó: "Sólo me siento verdaderamente en paz cuando ella está dormida o en casa". Celos patrocinados por la dependencia: un coctel mortal. *Independencia no es desamor, es renovación, es ser uno a pesar del amor y por encima de él.*

5 | Niégate a ser inútil

Este punto es un corolario del anterior. Los dependientes van asimilando la inutilidad como parte de la vida y con el tiempo van perdiendo la poca autonomía que les queda. Otra vez el miedo, siempre el miedo. "Hazme esto" o "Ayúdame con aquello", cuando en realidad podrían resolverlo o hacerlo sin ayuda. Recuerdo el caso de una paciente que logró su emancipación gracias a un infarto de su marido. Durante el mes que duró la recuperación del hombre en la clínica, ella tuvo que hacerse cargo absolutamente de todo. La pesadilla de cualquier dependiente emocional (enfrentar la vida sin su guardaespaldas afectivo) se había hecho realidad para ella. Su inutilidad quedó en evidencia rápidamente. Por ejemplo: no sabía conectar el televisor a los canales por cable; una vez estuvo una mañana entera tratando de hacer un depósito en el banco (¡ni siquiera sabía cuál era el banco!); no tenía idea de cuánto costaba la gasolina ni cómo se cargaba el tanque de su automóvil; desconocía todos los números telefónicos importantes; ignoraba cómo hacer una llamada fuera del país, y así sucesivamente. Muy a pesar suyo, fue "viuda" un mes y tuvo que resolver todo tipo de problemas, algunos bastante complejos. Cuando su esposo regresó del hospital, encontró a una mujer más segura y menos dependiente, como si hubiera pasado por una terapia de cambio extremo en tiempo récord. En una consulta posterior, llegamos a la conclusión de que no había que esperar otro infarto para seguir mejorando y que la autoeficacia ("Yo soy capaz") iba a convertirse en una motivación vital.

6 | Identifica las fuentes del apego

El apego afectivo se cuela por cualquier lado y se manifiesta de distintas maneras: la baja autoestima, la necesidad de tener éxito, la búsqueda de la seguridad o sentirse débil, entre otras muchas. Es importante conocer los orígenes de tu dependencia, cómo se gestó, cómo evolucionó y qué la mantiene. Trata de buscar apoyo, ayuda, grupos o lecturas. Nuestra cultura confundió la adicción afectiva con el "gran amor" y la dejó convertirse en pandemia. Ante estos casos, no me canso de escuchar frases que hacen de la dependencia casi una virtud: "¡Cuánto la ama!", "¡Ella haría cualquier cosa por él!", "¡Se aman tanto que no pueden vivir el uno sin el otro!". La dependencia afectiva es un mal; lucha contra ella: delimítala, reconócela y enfréntala. Quizá no puedas hacerlo sin ayuda profesional, pero lo más importante es que tiene cura y podrás amar sin sufrir.

NO SIEMPRE UN CLAVO SACA A OTRO: A VECES, LOS DOS SE QUEDAN DENTRO

Todo remedio violento está preñado de un nuevo mal.
FRANCIS BACON

Nada es más contrario a la curación
que el cambiar frecuentemente de remedio.
SÉNECA

Hay amores que permanecen enquistados, así el otro se haya alejado para siempre y ni siquiera piense en nosotros. En los primeros meses de la pérdida, la memoria emocional está a flor de piel y es cuando más se siente la ausencia: sensaciones, olores, voces, imágenes hacen que una forma de presencia se manifieste con una nitidez impresionante. Amores incrustados: ¿recuerdos resistentes, tara o virus? Un mujer me decía, entre llantos: "Está clavado en mí, forma parte de mi ser, ¡no sé cómo arrancármelo!". ¿No quería o no podía? En ocasiones, el inconsciente nos traiciona, y, para conservar la ilusión de que seguimos afectivamente vigentes, revivimos una y otra vez al otro en nuestra fantasía. El hombre en cuestión era un sujeto muy agresivo, al cual ella había dejado en un acto de valentía y dignidad, y aun así, pese a los malos tratos recibidos, las reminiscencias afectivas no la dejaban en paz: le dolía el ex como una espina clavada e infectada. Algunos sentimientos, independientemente de cómo haya sido la relación, se quedan atascados en algún lugar de la mente y son muy difíciles de extirpar.

Si has padecido este "estancamiento emocional" sabes a qué me refiero: la nostalgia se convierte en una carga que te amarga la vida y te impide funcionar libremente. Es un freno a la existencia. No me refiero a las personas que han fallecido (ése es otro tipo de duelo), sino a la expareja que todavía se mueve y respira, así lo haga lejos de ti. ¿Cómo enterrar en vida a la persona que aún amamos? Alguien me decía: "Si mi exesposa hubiera fallecido, ella no sería de nadie y yo aceptaría más fácilmente su pérdida porque no habría ninguna posibilidad de recuperarla. Pero sabiendo que está viva y con otro amor, me niego a aceptarlo... Ella es mía". El hombre afirmaba tajantemente: *me niego*. Lo que significa: no se me da la gana o no quiero olvidarla. La comprensión de este punto no es nada fácil para los dolientes: *en los amores enquistados es la mente la que debe "enterrar afectivamente" al ex y no un servicio funerario.*

Oscar Wilde afirmaba que la pasión nos hace pensar en círculos. De allí la sensación de sentirse atrapado en un pasado que no pasa. Peleas contra los recuerdos, tratas de distraerlos, acudes al psicólogo, los adivinos, las brujas de moda, pero las imágenes del ex llegan como cascadas. Tienes la impresión de que te arrancaron una parte de ti, te falta algo, pero como ocurre con algunas personas amputadas que siguen sintiendo la extremidad aunque ya no la tienen, tu cerebro procesa el sujeto ausente como si aún lo tuvieras a tu lado. A este fenómeno tormentoso, en medicina, se le conoce como el "miembro fantasma". El amor atascado produce un efecto similar: el amado o la amada ya no están, pero se sienten como si estuvieran. Y no es un brazo o una pierna lo que perdimos, ¡es una persona entera!

En la desesperación de un dolor que no parece tener fin, que supera nuestras capacidades de autocontrol y crece día a día, muchas personas no son capaces de esperar la "absorción interior" (duelo) y recurren a un procedimiento de dudosa efectividad, cuya premisa afirma que "un clavo saca otro". Con esta idea en la cabeza, se lanzan al mundo del mercado afectivo en busca de un "clavo" más grande, más fuerte y más potente que, al entrar, desplace y retire el anterior y el padecimiento asociado. Por desgracia, la cuestión no es tan simple como empujar y sacar, porque el mundo emocional maneja unas leyes que se apartan de la mecánica clásica. La información afectiva que subsiste del ex no saldrá a la fuerza: deberá ser asimilada y diluida por el organismo en una transformación que requiere tiempo.

El amor que sientes por alguien es producto de una historia, una narrativa que se escribe en lo cotidiano y, en este sentido, la persona que amas y ya no está tiene un "historial sentimental" y una referencia afectiva que no puedes descartar de cuajo, como si tuvieras una amnesia repentina. En los amores grabados a fuego no siempre un clavo saca otro. *El proceso más saludable es a la inversa: primero hay que sacar el viejo y, entonces, si tienes suerte, hallarás una persona que valga la pena y que pueda entrar a tu vida tranquilamente y sin el estorbo del anterior.*

Esto no significa que, en determinadas ocasiones, un prospecto de amor no ayude a elaborar el duelo (si ya estamos en una etapa avanzada) o a sanar heridas de un amor que fue torturante; hay personas que entran a nuestras vidas como si fueran un bálsamo. Lo que sostengo es que si aún te desvives por tu anterior relación, empezar un nuevo vínculo con la esperanza de que se produzca una sustitución automática es un error mayúsculo. La siguiente recomendación de Alonso de Ercilla y Zúñiga puede servirte como guía: "Que no es buena la cura y experiencia, si es más seria y peor que la dolencia".

¿Por qué nos precipitamos a una nueva relación?

El sentido común nos dice: "La mejor cura para un viejo amor es abrirle las puertas a uno nuevo". El problema, como ya dije, es que si el primero todavía está vivo y navegando por la memoria consciente o inconsciente, la reciente adquisición no le hará ni cosquillas, porque no tendrá ni dónde ni cómo afianzarse. Precipitarse a buscar sustituto para tratar de apaciguar el corazón herido no suele ser la solución. ¿Por qué lo hacemos entonces? Tres causas: *necesidad de ser amados*, *baja tolerancia al dolor afectivo* o *revanchismo*. Veamos cada una en detalle.

La necesidad de ser amados

Los que necesitan ser amados para que su vida tenga sentido no sólo son incapaces de renunciar al amor cuando debe hacerse, sino que lo buscan a cualquier costo. Una jovencita me decía, angustiada: "¿Qué voy a hacer? ¡Llevo seis meses sin pareja!". ¿Qué hacer? Pues nada, vivir de todas maneras, sacarle gusto a la existencia. ¿Quién dijo que el amor es la única forma de autorrealización? La ansiedad por tener a alguien empuja a millones de personas a pegarse de lo primero que se les cruza en el camino, sin más criterio que calmar la ansiedad. Tagore decía que el amor es como las mariposas: si las persigues desesperadamente se alejan, pero si te quedas quieto se posan sobre ti. No se puede salir a buscar una pareja como si fueras a comprar un producto cualquiera al supermercado, no te enamoras ni te desenamoras a la carta. Lo que sí puedes hacer es crear las condiciones para que el amor se manifieste. Aprestamiento para el amor: organizarse internamente, serenarse y dejar el corazón entreabierto. Si logras crear estas condiciones, cuando menos lo esperes, tropezarás con alguien que valga la pena.

Un punto adicional para que tengas en cuenta: las personas necesitadas de amor no pasan desapercibidas. No sé si son las feromonas que liberan, la manera de mirar o los gestos, pero se comportan como si llevaran un cartel en la frente que dijera: "Me urge tener pareja". Ésa es la paradoja: si muestras las ganas de emparejarte o

NO SIEMPRE UN CLAVO SACA A OTRO

de que te amen, la mayoría no se te acercará porque nadie quiere compromisos apresurados (a no ser que encuentres otra persona igual de ansiosa a ti y decidan unir patologías). Tagore tenía razón.

La baja tolerancia al dolor afectivo

Algunos no soportan el dolor porque químicamente no son capaces y otros simplemente son mimados y se desesperan ante el primer atisbo de malestar. Las cobardías también pueden ser no generalizadas y localizarse en eventos o situaciones muy idiosincrásicas. Por ejemplo, ciertas personas aguantan estoicamente las embestidas de la vida, como si fueran guerreras, pero cuando se trata del amor y sus dolencias, se vuelven especialmente enclenques y melindrosas. La susceptibilidad aquí no se refiere a la *necesidad de ser amado*, sino a *la intolerancia al dolor afectivo*. En el primer caso, lo que se busca es un "nuevo amor" que aquiete la apetencia; en el segundo, un "amor analgésico".

La hipersensibilidad al sufrimiento afectivo (por ejemplo, desamor, discusiones con la pareja, celos, apego o miedo a perder al otro) puede tomar cualquier rumbo. En mi consulta he visto a hombres y mujeres sobresalientes en distintos campos, inteligentes y exitosos, doblegados como niños indefensos ante el dolor de un amor imposible. Las personas que son muy vulnerables al sufrimiento amoroso tratan de buscar rápidamente a alguien que les alivie el tormento de un amor enquistado. Un hombre me comentaba: "Encontré a una mujer maravillosa; cuando estoy con ella, dejo de pensar en mi ex". Lo que más le atraía de ella era el poder narcótico que ejercía sobre él.

El revanchismo: cuando un clavo hunde más al otro

El impulso de buscar un reemplazo emocional no solamente está motivado por la necesidad de ser amado y el alivio de la aversión; también puede generarse por revanchismo y desquite. Una adaptación afectiva de la ley del talión y del "ojo por ojo": "Quiero que sufras lo que yo he sufrido (o estoy sufriendo)". Pura inmadurez. En el amor, hay que saber perder en vez de enfrascarse en pugnas vengativas y reparaciones morales trasnochadas. Aquí el nuevo clavo forma parte de una independencia y una superación falsa, porque si la liberación fuera verdadera, el ex o la ex no importarían tanto y no habría ninguna deuda que saldar ni nada que demostrar.

El *modus operandi* es como sigue: corres a enredarte en una nueva relación para que él o ella, según tú, se mueran de la ira y los celos. Quieres darle una lección y mostrarle que no es irremplazable. Analízalo con calma: ¿realmente crees que con esta estrategia cambiará sus sentimientos y correrá a tus brazos? Y una duda más: ¿por qué crees que aún siente algo por ti? Los despechados desarrollan una proyección y piensan que a la expareja le pasa lo mismo que a ellos. Sin embargo, los datos muestran que en la mayoría de los casos el otro ni se da por enterado.

Recuerda esta máxima: *si tu ex te considera parte del pasado, que él o ella no sean parte de tu presente.* Cada vez que intentas llamar la atención del viejo amor para vengarte, lo involucras otra vez en tu vida y lastimas tu autoestima. El clavo penetra más.

"Ya te dejé; ¿y ahora cómo te olvido?"

No es posible "olvidar" a voluntad un amor que aún te tiene en vilo, aunque sí puedes pelear contra las consecuencias negativas de algunos recuerdos y quitarles fuerza (al final del principio 1 doy algunas sugerencias para contrarrestar esta memoria negativa). Pero lo que más me interesa destacar aquí es el hecho de que no existe una amnesia autoproducida que te libere del sufrimiento. Empecinarse en "querer" olvidar a alguien produce casi siempre el efecto contrario. Si te dijeras a ti mismo que no quieres pensar en un oso blanco, no podrías quitarte el oso de la cabeza (haz el intento, para que te convenzas). Este resultado paradójico también se observa en cuestiones amorosas. Si te dices: "¡No quiero pensar en tal persona! ¡No lo haré, no lo haré!", entonces el recuerdo se activará automáticamente e impregnará tu memoria. En cierta ocasión, un paciente me hizo una demostración en vivo del método que utilizaba para olvidar a la que había sido "la mujer de su vida". Cerraba los ojos, adoptaba una postura corporal similar a una del yoga y empezaba a decir, como si fuera un mantra: "Ella no existe, no existe, no existe". Poco a poco, iba levantado el tono de la voz y terminaba golpeando el piso mientras seguía repitiendo a gritos que ella no existía. Como resulta evidente, después de semejante ejercicio, el hombre quedaba exhausto y pensando en ella más que nunca.

La meta de "olvidar al otro" como si nunca hubiera existido, además de irracional, es ingenua, a no ser que decidas darte un martillazo en la cabeza y crearte una lesión cerebral, cosa que no aconsejo. La realidad es otra: *aceptar la pérdida de manera saludable no implica crear amnesia alrededor de tu expareja, sino recordarla sin dolor o con un dolor manejable y esclarecedor.* El proceso que permite resolver la pérdida de manera inteligente y saludable es conocido como la *elaboración del duelo.*

Las cuatro fases del duelo

En situaciones de pérdida afectiva, como por ejemplo la muerte de un familiar querido o la ruptura de una relación significativa, la naturaleza nos imprime una resignación obligatoria para que no malgastemos nuestra energía vital esperando un imposible. Como si nos dijera: "¡Ya no insistas, se fue!". El duelo es la manera natural en que nos despojamos de toda esperanza para aceptar los hechos y hacer que el principio de realidad se imponga sobre el principio del placer. El duelo no elaborado, mal procesado o interrumpido ocurre cuando los sujetos se resisten a entrar en la sana desesperanza ("Ya nada puede hacerse") y apelan a una especie de momificación psicológica de la persona ausente. La famosa película *Psicosis*, de Alfred Hitchcock, es una muestra dramática y terrorífica de una pérdida no resuelta por parte de un joven psicológicamente enfermo (Norman Bates) ante la muerte de su madre.

El duelo es una respuesta no aprendida, normal y útil, que posee, al menos, cuatro fases. Se calcula que puede durar de seis meses a un año, dependiendo de la cultura y la historia previa del sujeto.

• En la primera etapa, hay un embotamiento de la sensibilidad, el sujeto se siente aturdido e incapaz de entender lo ocurrido (puede durar horas o semanas). Sin embargo, algunos deudos se quedan inmovilizados en este punto; el aturdimiento se transforma en insensibilidad y reaccionan como si nada hubiera pasado, cuando en realidad están destrozados por dentro. A los ojos de cualquier observador desprevenido, todo parece normal e incluso se suele alabar la fortaleza del que sufre la pérdida, pero el estancamiento va acumulando sentimientos y pensamientos de todo tipo, hasta que un día esa energía apresada explota en forma de crisis tardía. La aparente lucidez no era más que un mecanismo de defensa. Esta suspensión del procesamiento emocional se denomina *ausencia de aflicción consciente*, y cuando ocurre, se requiere ayuda profesional.

- La segunda etapa se caracteriza por el anhelo y la búsqueda: la persona no acepta que la pérdida sea permanente. Aquí pueden aparecer manifestaciones como llanto, congoja, insomnio, pensamientos obsesivos, sensaciones de presencia de la persona ausente (y obviamente visitas a videntes y brujos), cólera y rabia, en fin, se intenta restablecer inútilmente el vínculo que se ha roto. Es una etapa de ansiedad y desesperación, en la cual el sujeto no quiere darse por vencido (puede durar de dos a tres meses).

- En una tercera etapa, pese al dolor, el sujeto acepta la pérdida. Ve las cosas como son y obviamente se agudiza la tristeza (puede durar entre dos y tres meses). Si la persona se queda en esta etapa, sobreviene la depresión y con ella un trastorno conocido como *duelo crónico o trastorno de adaptación*, que requiere ayuda profesional.

- En la cuarta etapa inicia la fase de reorganización, donde se comienza a renunciar de manera definitiva a la esperanza y el individuo recupera la iniciativa y las ganas de vivir. Aquí empiezan a estructurarse los nuevos roles. Aquí es cuando los viejos regalos, las cartas de amor y las canciones se hacen definitivamente a un lado.

Los terapeutas que acompañan este proceso en sus pacientes están muy atentos a que las personas no se queden estancadas en ninguna de las fases ni las pasen por alto. Si aplicamos los pasos señalados a la pérdida afectiva que te mortifica, es de esperar que: *a)* te aturdas, *b)* intentes recuperar a la persona amada, *c)* bordees la depresión y *d*) finalmente reorganices tu vida. El amor enquistado será absorbido por el organismo de manera natural y sin golpes de martillo.

La pregunta más frecuente que me hacen sobre este tema es: ¿y si apareciera alguien cuando todavía no he completado mi duelo? Resumo la respuesta: "No hay que apresurarse. Si conoces a alguien que vale la pena, ve despacio; no tienes que enrollarte emocionalmente de un día para el otro. Una buena compañía, un soporte afectivo, puede ayudarte a fluir mejor y sufrir menos, pero si precipitas las cosas, ya sea porque *necesitas que te amen*, porque *no soportas el dolor* de la pérdida o simplemente porque *quieres vengarte*, tendrás dos clavos en vez de uno, o el mismo de siempre, pero más hondo. Llegará el momento en que recuerdes a tu ex sin tanto dolor y entonces estarás listo para amar nuevamente, mucho mejor y en paz".

La estrategia de Tarzán

No soltar la antigua relación hasta no haber empezado una nueva. Es una versión aventajada y anticipada de "un clavo saca a otro": no soltar una liana hasta tener la próxima bien agarrada. Reemplazar el clavo antes de que se enquiste. Aquí no hay duelo: se salta de un vínculo a otro permanentemente, para no caer en picada. La estrategia de Tarzán es cruel: un día cualquiera, sin aviso ni anestesia, te das cuenta de que tu pareja tiene a otra persona y no hay tiempo para nada. Te llega el aviso de "defunción" y ni cenizas quedan. La sorpresa es mayúscula: "Todo ocurrió tan rápido... Nunca tuve indicios de que lo nuestro funcionara mal, nunca me dijo nada". Las preguntas son muchas y golpean: "¿Cuándo, dónde y cómo pasó esto? ¿Por qué a mí?". Y no hay quien responda: tu ex anda lejos. Si el historial de la persona que amas te hace sospechar que utiliza esta estrategia, adelántate. ¿Cómo? ¡Suéltate tu primero y no te dejes utilizar!

Veamos una descripción del funcionamiento. Un hombre Tarzán, de cuarenta años, me comentaba: "Cuando estoy emparejado con una mujer, siempre estoy vigilante por si aparece una mejor. Y si esto ocurre, voy soltándome poco a poco de la primera y enganchándome a la segunda, hasta soltarme definitivamente de la anterior. Da resultado, nunca estoy solo". Le pregunté cómo hacía exactamente para "soltarse" del vínculo anterior, y me dijo: "Me voy poniendo insoportable, invento peleas, discusiones, me vuelvo malhumorado... Trato de tener una excusa y entonces me voy". Desaparecía sin dejar rastros, lo que generaba un gran dolor y angustia en sus parejas. De víctima en víctima, como si fuera un "enamorador en serie", el hombre deambulaba haciendo daño sin el menor escrúpulo. Realmente no buscaba sacar un clavo con otro: él era el clavo.

¿Es posible amar a dos personas a la vez?

La respuesta es afirmativa. No me refiero a tener dos enamoramientos al tiempo porque el cerebro estallaría (aunque algunos adolescentes, energéticos y vitales, parece que sobreviven a la sobrecarga), sino a un amor más moderado y maduro, un amor que no solamente esté arraigado en *eros* y también se distribuya en la amistad (*philia*) y en la ternura/compasión (*ágape*). Pese a las protestas de los defensores de la monogamia y la exclusividad emocional, mucha gente abre sucursales y bifurca el sentimiento amoroso.

Una mujer explicaba así el surgimiento en ella de un amor bicéfalo: "Mi marido es un hombre atractivo, un gran amante y un excelente padre. El problema es que no sabe comunicarse... En realidad, casi no habla. Nuestras conversaciones no pasan de unos cuantos intercambios verbales y nunca he podido profundizar con él un tema que me interese. Esto generaba en mí un vacío y fue cuando me acerqué a un compañero de trabajo. Nos entendemos a las mil maravillas, no tenemos secretos, nos reímos y la pasamos genial. Sexualmente no hemos avanzado mucho, sólo unos besos y unas caricias superficiales. No es que no me sienta atraída sexualmente por él, pero no sé, falta algo. En cambio, veo a mi marido y se me eriza el pelo". Entre dos aguas y bebiendo de ambas. Los dos hombres eran tiernos y agápicos (en este punto, había empate técnico); sin embargo, a uno le sobraba *eros* y al otro le faltaba. Con el marido hacía el amor a rabiar y con el amigo se comunicaba de manera abierta y franca. Su fantasía era fundirlos y crear un solo y monumental amado/amante. Psicológicamente hablando, amaba a ambos, aunque de manera diferente, porque cada uno completaba al otro en la carencia. La balanza siguió insoportablemente equilibrada por varios años, hasta que el amigo del trabajo conoció a una mujer separada y la dejó. La vida decidió por ella.

Amar a dos personas al tiempo: dos clavos acompasados y en paralelo. ¿Doble alegría o doble dolor? A corto plazo, euforia y fascinación; a mediano y largo plazo, desazón y angustia. ¿Soluciones? Quizá sea preferible jugársela por una opción e intentar que funcione, a tener dos relaciones inconclusas. La otra posibilidad, que nunca hay que descartar, es quedarse solo y poner el amor entre paréntesis por un tiempo.

Cómo quitarse el clavo uno mismo
y aliviar el dolor del viejo amor

1 | Si tienes un amor enquistado, no te apresures, dale tiempo al tiempo

No corras detrás del primero que se te cruce por el camino, nadie hará el trabajo por ti. Ve despacio, una persona a la vez y cada cosa en su lugar. Lo más importante es salir del viejo amor, que es un estorbo y te inmoviliza. Luego podrás abrirte a una nueva relación con calma. Es muy complicado que alguien pueda estar bien contigo, si no has resuelto tu situación anterior: no podrás entregarte en forma, y sin reciprocidad no hay amor de pareja que resista. Dar y recibir libremente, ésos son los buenos inicios. Pero ¿cómo hacerlo si tres cuartos de tu corazón, o más, están en otra parte? Sálvate de la molesta sensación de querer amar a alguien y no poder. Una joven mujer me decía lo siguiente: "Haber conocido a Luis complicó todo. Me doy cuenta de que no lo puedo amar porque sigo atada a la anterior relación. Y ahora me siento con una doble carga: amar a quien no lo merece y no ser capaz de amar a quien sí se lo merece. Sé que pierdo una gran opción, pero no puedo seguir con él". Sin Luis (lo que podría haber sido y no fue) y con el ex a cuestas (lo que ya no debería ser y sigue siendo). Insisto: doble carga.

2 | Elabora el duelo

Una vez que hayas decidido que sólo emprenderás una nueva relación cuando estés listo para ello, habrás quitado un gran obstáculo para que el duelo siga su curso normal. Si se te hace muy difícil, puedes pedir ayuda profesional, pero no pierdas de vista que, más allá del sufrimiento, el duelo es la sanación que la naturaleza te ofrece. Es una limpieza a fondo que te permitirá amar sin el peso de los traumas; por eso, es importante vivirlo y dejarlo fluir. Obviamente esto no significa que debas enclaustrarte, llevar luto y amargarte la existencia. Puedes salir, conocer gente, estar con amigos y divertirte como se te dé la gana: procesar la pérdida y vivir normalmente no son incompatibles. Repito una vez más: la sugerencia es, en lo posible, no involucrarse afectivamente con alguien sin haber solucionado lo anterior. El soporte afectivo de los seres queridos y de la familia, tal como mencioné en el principio 1, son muy importantes. El clavo será rechazado y expulsado por tu organismo y no por un agente externo. Y recuerda: si empezaste el proceso de aceptación, ya no eres víctima; quizá lo fuiste, pero *hoy*, cuando tus energías están trabajando para liberarte, ya no lo eres.

3 | Quedar limpio interiormente

Un paciente, después de cuatro meses de separarse, me decía: "¡Es increíble! Hace unos meses habría hecho cualquier cosa para estar a su lado nuevamente y ahora no se me mueve un pelo. Hay momentos en que la nostalgia llega por oleadas, pero se va rápidamente; ya no duele. Me siento bien estando solo". Al comienzo, mi paciente, tratando de olvidar a su ex, empezó a salir con una amiga de su juventud que siempre le había gustado (no sé cuál es la razón, pero en los primeros meses de una separación los viejos amigos y amigas que fueron prospectos afectivos en alguna época resucitan como zombis). La experiencia fue un desastre, ya que no era capaz de seguirle el ritmo a la mujer, que le pedía atención, sexo y mimos al por mayor. Cuanto más exigía ella, más se inhibía él. Finalmente, no aguantó más y decidió quedarse solo, llorar sus penas y enfrentar la pérdida con ayuda profesional. Salir de un amor enquistado es como salir de una maldición y encontrarse a sí mismo: "¡Hola! ¿Me reconoces? ¡Soy yo!". Lo que quedó de uno, para empezar a reconstruirlo.

El signo que más tengo en cuenta para saber si la "limpieza interior" va por buen camino es la mirada. Bajo el peso de un amor tortuoso que se resiste a desaparecer, la mirada luce opaca y triste, como cuando estamos con una enfermedad viral. Pero cuando el antivirus se pone en marcha y el estado de ánimo empieza a recuperarse, la mirada se hace más vivaz y alegre, los ojos se ven más grandes, más brillantes e inquietos. Ya hay vida.

4 | Trata de no comparar lo nuevo con lo viejo

La insana costumbre de comparar las actuales opciones afectivas con la vieja relación siempre está presente en los que no han podido asimilar la pérdida. ¿Comparar qué? Todo. El problema es que no siempre ganan los nuevos. Aunque la mayoría despotrica de su antigua relación, cuando empiezan a salir con otras personas entran en *shock* al descubrir una realidad terrible y desesperanzadora: no hay buenos partidos (al menos, ésa es la percepción). Es la paradoja de los que comparan más de la cuenta; al tratar de buscar y exaltar los atributos de la nueva adquisición que justifique el cambio terminan por fortalecer a la persona que quieren olvidar. Es verdad que algunas comparaciones a veces son productivas y colaboran a acelerar el duelo, pero es mejor no correr el riesgo. Sin darte cuenta, podrías sesgar la información a favor de tu ex y magnificar a quien quieres olvidar.

5 | El desquite te aferra al pasado

La venganza se devuelve siempre, y el odio engendra odio, no importa cómo quieras disfrazarlo. ¿El orgullo herido? Un duelo bien manejado requiere que te guardes el orgullo en el bolsillo. Si ya no te aman, ¿de qué vas a vengarte? ¿Del desamor? La venganza te mantiene atado al otro. En una relación sufrida, por el motivo que sea, ¿no habría que decir: "Si se acabó, mejor"? ¿O prefieres seguir siendo víctima de un amor insuficiente? El verdadero desquite es dejar de querer a quien no te quiere o te ha hecho daño intencionalmente. Alguien dijo una vez: "La mejor venganza es ser feliz", a pesar del otro y más allá de toda duda. Querer pasarle tu nuevo "amor" por las narices al ex demuestra que tu nueva relación no es tan buena, porque cuando estás bien con alguien no buscas sacarte ningún clavo, sino disfrutar tranquilamente de lo que tienes. Una vez más: el intento de generar rabia o celos al ex hará que el viejo amor cobre más fuerza.

6 | Hacia un amor completo

La consigna es no fragmentar el amor y tratar de mantener sus componentes activos y unidos en una misma persona. Una prueba de que un clavo no saca otro, o de que por lo menos esto no se logra tan fácilmente, es que podemos enamorarnos de dos personas a la vez, así nuestra intención sea otra. La sorpresa suele ser mayúscula, porque tratando de acabar con el amor enquistado descubrimos que el viejo amor y el sustituto o sustituta no son incompatibles, y quedamos doblemente enganchados. No te dejes llevar por las carencias; niégate a un amor fragmentado. Me refiero a la posibilidad de construir una relación sin ningún faltante básico ni recurrir a soportes externos o pequeños amores suplementarios y subsidiarios. Tener el amor repartido entre varias personas es vivir una insatisfacción permanente: cuando estés con una, te faltará lo que posee la otra, y así andarás, de escasez en escasez, de penuria en penuria, tratando de armar un rompecabezas donde las piezas no encajan.

PRINCIPIO 7

SI EL AMOR NO SE VE NI SE SIENTE, NO EXISTE O NO TE SIRVE

Lo contrario del amor no es el odio, sino la indiferencia.
ELIE WIESEL

El amor no se declara, se prueba.
JOSEPH MÉRY

¿Amor teórico? Un exabrupto o una tortura cuando estamos metidos de corazón en una relación. ¿Te amo conceptualmente? Vaya ridiculez. O peor: "Te amo ocultamente, entre bambalinas, a la distancia, como un telegrama". ¿De qué amor hablamos si no se nota, si no llega? Enamorarse es una actitud: sentir, pensar y actuar hacia un mismo lado; todo junto. Es el amor coherente, el que esperamos del otro y el único que vale la pena. El amor de pareja es *interpersonal* e inseparable de su demostración. Los reprimidos que emulan un amor insípido, frío y distante se justifican casi siempre apelando a algún trauma lejano o al "estilo personal": "Así me educaron" o "No sé amar de otra forma". Si la persona que amas afirmara cualquiera de estas dos razones, tu repuesta debería ser tajante: "¡Pues reedúcate, reinvéntate o aprende, si quieres estar conmigo!". ¿Cómo adaptarse (es decir: someterse) a la indiferencia? No hay forma: en algún momento estallarás y te saldrá fuego por los ojos. Un amor pusilánime a nadie le sirve.

Un señor que sufría mucho debido a que su esposa era muy parca en la expresión de afecto me comentaba su "táctica de aproximación afectiva". Por la noche, estando juntos en la cama y mientras ella dormía, él empezaba a deslizar sigilosamente la mano hasta tocar sus cabellos, evitando despertarla. Con la mayor paciencia, centímetro a centímetro, seguía avanzando hasta llegar a la

cabeza de la mujer, para luego acariciarla de manera casi imperceptible. A cada aproximación, aun estando dormida, ella lo rechaza-
ba: se movía, refunfuñaba, gruñía, pero él no se daba por vencido y
persistía. El trabajo arrojaba sus frutos, porque casi siempre ama-
necían abrazados. Sin embargo, al despertar y darse cuenta de que
estaba junto a él, ella rápidamente se alejaba. El sexo era bueno, no
había desgano e incluso compartían una que otra fantasía; el problema radicaba en la ternura y en la falta de expresiones amorosas
verbales y no verbales. Una vez le pregunté a la señora si en verdad
lo amaba y me respondió: "Claro que lo quiero, de no ser así, no
estaría con él". Yo le respondí que la cuestión no era tanto "estar"
o "no estar", sino *cómo* estar. Le expliqué la importancia de las palabras y las caricias afectuosas y la invité a que asistiera a algunas
sesiones para que intentara ser más expresiva, pero se negó rotun-
damente. Aunque no lo hizo explícito, lo que ella pretendía era que
su esposo se adaptara a su frialdad, y no a la inversa. Como ya dije
antes, el camino más saludable para una buena convivencia es que
cada quien se acople a las *cualidades* del otro, pero no a sus déficits:
equilibrarse por lo positivo y no por lo negativo. La mujer pedía
mucho (uno no puede "congelarse" o reprimirse para que el otro se
"sienta bien"), y darle gusto era imposible. De ahí la estrategia de la
"cámara lenta" nocturna que se había inventado mi paciente para
sobrevivir afectivamente a las demandas del cuerpo y del amor, que
no sólo pide sexo.

 ¿Por qué se resisten tanto los inhibidos y los indiferentes (algunos incluso se ofenden) cuando se les sugiere que sean más cariñosos, si sólo se les pide más abrazos, más toqueteo, besos en la mejilla,
algunos "te quiero" y uno que otro arrumaco? No cuesta nada dejar
sentado que el amor está en pleno funcionamiento. Un hombre sus-
tentaba así su indiferencia: "¿Para qué decirle que la amo, si ella ya
lo sabe?". Pobre mujer. El "te amo" o el "te recontraamo" no es un

recordatorio para gente amnésica, es un gusto, es el refuerzo que se manifiesta en sentirse amado o amada a toda hora y en cualquier momento. Y no hablo del amor empalagoso y pesado, sino del gesto normal, del detalle a tiempo, del romanticismo inesperado que nos sube la frecuencia cardiaca, de los mimos que nos hacen sonreír cuando estamos de mal humor o nos relajan cuando el estrés nos consume. Expresar amor es curativo por partida doble: para quien lo da y para quien lo recibe. ¿Nunca has visto dos simios espulgándose? Yo te hago y tú me haces, yo te alivio y tú me alivias. Es la semántica más primitiva del amor: hedonismo en estado puro. Basta ver su gesto y expresiones.

El amor cicatero, controlado, que se presume y no se hace evidente, es un amor de dudosa procedencia. Por el contrario, el amor pleno integra sentimiento, pensamiento y acción en un todo indisoluble. Si los tres elementos no van para el mismo lado, el afecto será como una escopeta de perdigones y cualquiera podría salir herido. ¿Cómo sobrevivir a la siguiente declaración? "No siento que te amo, aunque creo que te debo querer, pero no me dan ganas de abrazarte y ser tierno", manifestó un adolescente, mientras su novia andaba como un satélite fuera de órbita, tratando de comprender qué quería decirle. Un amor insípido es lo más parecido al desamor.

El carácter transitivo del amor:
"Tu alegría me alegra, tu dolor me duele"

Es el cara a cara de cualquier relación normal. No sólo compartes sexo, hijos, deudas o amigos, también intercambias estados de ánimo. Este flujo de ida y vuelta garantiza el equilibro emocional y por eso es importante mantenerlo vivo y despierto: no sólo te comunicas verbalmente, tu cuerpo habla y transmite lo que sientes en cada gesto y cada postura en silencio. El asunto se complica cuando alguien de la pareja muestra, al menos, uno de los siguientes impedimentos: *a) incapacidad de descifrar* lo que el otro siente (analfabetismo emocional), y/o *b) indiferencia*, apatía o desgano ante los sentimientos del otro (indolencia amorosa). El buen amor requiere cierto contagio, una compenetración emocional a fondo. ¿Cómo ignorar la felicidad o la tristeza del ser amado? Ni siquiera es un compromiso; simplemente ocurre si hay suficiente afecto, porque amar es abrir las compuertas y bajar los umbrales: te pienso, te siento y también hago contacto. Pero esta reciprocidad, básica e imprescindible, no siempre está presente. Hay sujetos egocéntricos a los que les cuesta salirse de sí mismos y les cuesta ponerse en el lugar de los demás: "Ni tu alegría me alegra ni tu dolor me duele".

"No es cosa mía", afirmaba una mujer al ver cómo su esposo se hundía cada vez más en la depresión. Le pregunté por qué no le dolía verlo sufrir y su respuesta fue: "¡Es que no tiene motivos serios para ponerse así!". Si tu pareja necesita que tu dolor esté bien "fundamentado" y sea "objetivo" y "lógico" para preocuparse por ti y ayudarte, quizá no te ame. No digo que necesariamente haya crueldad, pero son demasiados requisitos para una conducta de ayuda/compasión que debería surgir de manera natural.

Llegas a tu casa y ves llorar a tu pareja, ¿acaso no te importa su dolor? ¡Qué más da que sea racional o irracional! Lo primero es socorrerla, estar allí, apoyarla. Quizá te parezca que exagera y sientes que en su lugar tú no reaccionarías de igual manera, ¿y qué? ¿Acaso por eso su sufrimiento en ese momento es menor? Le duele igual, la perturba igual, por absurdo que pueda parecerte. Respáldala y, luego, cuando esté mejor y más tranquila, repasa junto a ella los porqué, los cómo y los cuándo. Haz el "análisis" *a posteriori*. Decir que el dolor de la persona que amas no te importa porque es "estúpido", te hace estúpido.

Compasión (compartir el dolor) y *congratulación* (festejar la alegría) son dos emociones que deben estar presentes para que el amor pueda sentirse a plenitud. Nadie se resigna a la indiferencia: es preferible el dolor de la ruptura que un amor insensible.

Lo perverso: "Tu alegría me duele y tu dolor me alegra"

Amor de verdugo; altamente patológico. La inseguridad y el miedo a perder a la pareja, a veces, toman un extraño giro que raya en lo perverso: "Cuando estás mal, siento que me necesitas, pero si estás feliz, pienso que podrías prescindir de mí porque no te hago falta; por lo tanto, hago todo lo posible para que te sientas mal". La suma de un esquema de inseguridad personal y una manera distorsionada de procesar la información puede producir un esperpento amoroso, del cual no siempre se es consciente. El que piensa así terminará saboteando cualquier actitud positiva del otro y reforzando lo negativo. Otra forma de manifestar el cortocircuito: "Me siento más tranquilo o tranquila cuando estás mal, porque sé que buscarás apoyo en mi persona. Tu alegría o tu felicidad me indican que no me necesitas tanto e incluso que podrías prescindir de mí". Conclusión: odio tu alegría y me alegra tu desgracia. Es la triste manifestación de una debilidad que se fortalece en el padecimiento ajeno.

No importa *cuánto* te amen, sino *cómo* lo hagan

Amor cuantitativo y algebraico: "¿*Cuánto* me amas?" o "¿Me quieres *mucho*?". Si nos dicen que "hasta el cielo", quedamos satisfechos y felices, colgados de una nube. Pero la pregunta que más vale, y debes hacerte a ti mismo, es *cómo* te aman. Muchos psicópatas dicen amar demasiado a sus parejas antes de asesinarlas. ¿Necesitas que te quieran mucho o que te quieran bien? ¿Ambas cosas? Sería lo ideal. No obstante, es mejor un amor estable, repleto de ternura y alegría, así no llegue a la estratosfera, que un amor desbordado que anda como una bala perdida.

Para los amantes de la medición, también existe el amor espacial: "¿Hasta *dónde* me amas?". Si fuéramos objetivamente honestos deberíamos responder que no tenemos idea. ¿Con qué vara medir el amor que sentimos: centímetros, metros, años luz? Una contestación verosímil y con cierto aire matemático de consolación podría ser: "Si te siento compañera o compañero y sé que puedo *contar* contigo en las buenas y en las malas, no necesito ni las *sumas* ni las *restas*". ¿Para qué quieres que te amen "más allá de sus fuerzas"? ¡Estarían todo el día fatigados! Mejor que te amen sosegadamente, en el día a día, en el más acá, inventando y embelleciendo lo cotidiano.

He visto a muchos pacientes que se debaten en la encrucijada del *cuánto* y el *cómo*, atrapados en una disyuntiva sin sentido: "No soy feliz, pero me ama *demasiado*". ¿Y a quién le importa "cuánto" te quiere, si vives infeliz? ¿O acaso piensas que eres poco "querible" y por eso necesitas sumarle puntos a tu aporreada autoestima? Que te amen "desmedidamente" o de aquí a la China no demuestra nada respecto de tu valía personal ni garantiza tu calidad de vida. Créeme: la abundancia amorosa, sin la cualidad básica que determina el afecto, vale poco. Incluso, un amor excesivo y fuera de control puede llegar a ser mucho más molesto y dañino que el desamor.

La semántica del amor

El lenguaje del amor sobrepasa lo meramente lingüístico y apela a sonidos y gesticulaciones de todo tipo, que nos recuerdan muchas veces a nuestros antecesores primates. El amor pasional posee algo animalesco e indiscreto, que se les nota hasta a los más pudorosos y austeros. Basta ver a dos adolescentes en pleno arrumaco para sorprenderse ante la variedad y cantidad de códigos afectivos existentes: ronronear, olfatear, mirarse, sonreír, rascar, sobar, acurrucarse son algunas formas de expresión que conforman el paquete de un idioma que, paradójicamente, no requiere aprendizaje. Por eso es tan difícil concebir o aceptar un amor inexpresivo y apático cuando existen tantas vías de comunicación. El tono de la voz, las inflexiones y los silencios, todo confluye en el otro, que termina convirtiéndose en un lector afectivo experimentado.

No es suficiente "sentir el amor"; hay que sacarlo a relucir, *hay que probarlo.* Muy poca gente acepta un amor robótico, exacto e hipercontrolado. Necesitamos algo de locura, un poco de desorden, una chispa que nos recuerde que la pasión no ha muerto y el juego no ha terminado: entre un estilo afectivo apocado y preciso y uno locuaz y explícito, la mayoría preferimos el segundo. Comparemos, por ejemplo, una definición científica con un enunciado afectivo, en torno a una manifestación típica del amor:

- Un médico de finales del siglo antepasado, el doctor Henry Gibbons, definió el beso como: *la yuxtaposición anatómica de dos músculos orbiculares en estado de contracción.* Una exacta y operativa explicación fisiológica. De todas maneras, no me imagino a un enamorado diciéndole a otro: "Tengo ganas de tener una yuxtaposición anatómica de nuestros respectivos músculos contraídos". Besar es mucho más que eso, como la Capilla Sixtina es mucho más que "muros pintados".
- El escritor Fernando Pessoa, casi por la misma época en la que el médico anterior diseccionaba el acto de besar, intentaba

traducir y transmitir un sentimiento de amor donde las palabras parecían ser insuficientes:

> Amo como ama el amor. No conozco otra razón para amar que amarte.
>
> ¿Qué quieres que te diga además de que te amo, si lo que quiero decirte es que te amo?

Cuando te hablan de amor o te lo susurran al oído, ¿qué prefieres? ¿La explicación fría y mecanicista de la ciencia o la expresión apasionada y a veces inconexa del enamorado que trata de explicar lo inexplicable? ¿Juegos poéticos o definiciones ceñudas? Sin duda: ¡Pessoa más que Gibbons! Si tu pareja carece de la semántica afectiva necesaria para enriquecer el amor o si su expresión es escueta y apenas perceptible, sacúdela y enséñale que si el amor no se ve, entonces no existe o no te sirve.

La muerte lenta del amor

Gota a gota, igual que una tortura china, la indiferencia va acabando lenta y pesadamente con el amor. Por cada acto de indiferencia se pierde un poco de amor, y si la actitud se mantiene, el declive afectivo continuará hasta que no quede nada. Lo preocupante es que esta extinción afectiva puede durar años. Los consultorios están repletos de personas que se demoraron media vida en reaccionar, porque no tuvieron el valor de decir "no más" antes de que el amor desapareciera por sí solo.

También existe una muerte rápida del amor: la que llega de la decepción. Cuando te decepcionas de tu pareja, el desamor aparece como un rayo y vuela todo por los aires. La cuestión se resuelve en un santiamén, y donde hubo amor, sólo quedan escombros. El desencanto ocurre cuando se ven afectados nuestros principios y los códigos morales que consideramos no negociables. *Desilusionarse de la pareja es un flechazo al revés*. He podido observar esta metamorfosis en mi consulta clínica, cuando alguien descubre que su pareja no era lo que esperaba o que sus actuaciones son moral o éticamente cuestionables. Hay un *crac*, inevitable y categórico.

Volviendo a la muerte lenta del amor, nadie acepta la indiferencia como modo de vida, a menos que sea un ermitaño emocional o un esquizoide. Ni siquiera los masoquistas se someten a la insensibilidad de la persona amada: piden castigo y dolor, pero no indiferencia. Los que se resignan al desprecio se secan por dentro. Si no has tenido la suerte de que la decepción toque a tu puerta y continúas atrapado en la apatía afectiva de una pareja que parece de plástico, haz tuya esta consigna y grábala en tu corazón: *no te merece quien te hace sufrir*.

Si no te admiran, no te aman

La indiferencia es un monstruo de mil cabezas, y una de ellas es la falta de admiración. Puede haber admiración sin amor, pero lo contrario es imposible. ¿Cómo amar a alguien que no te deslumbra en algún sentido? Amar también es maravillarse y sorprenderse positivamente por lo que el otro hace o piensa, así sea de tanto en tanto. Admirar a tu pareja es sentirte orgulloso de estar con ella, es fascinación por alguna característica y/o atributo que destacas y te atrapa. Quizá no lo veas sino tú, pero es suficiente para que el entusiasmo te mantenga en vilo. ¿Qué se admira? Cualquier cosa, lo que se te dé la gana y lo que se le antoje al corazón: belleza, inteligencia, capacidad de trabajo, tenacidad, honradez, su manera de hacer el amor, o todas la anteriores: lo que quieras y como lo quieras. No es obediencia ciega o culto a la personalidad, sino entusiasmo.

Si no sientes de vez en cuando cierto embeleso, si nada te deslumbra ni te cautiva de tu pareja, la relación no va nada bien. En cierta ocasión, le pregunté a un hombre qué cosa admiraba de su mujer y, luego de pensar un rato, me respondió: "Admirar... no sé, supongo que debe de haber algo que admire en ella, si no, no estaría enamorado". ¡Exacto! *Si no te admiran, no te aman*.

Cómo hacerle frente a la indiferencia de la pareja y no dejarte aplastar por el sufrimiento

1 | Habla y comunícate hasta por los codos

Que la comunicación fluida y desprevenida sea la regla que guíe tu comportamiento interpersonal, no solamente con tu pareja, también con el mundo que te rodea. ¿Cómo existir para ti mismo y los otros si estas enconchado tras un cúmulo de prejuicios, tabúes y temores? Necesitas de la asertividad: manifestar tus sentimientos positivos y negativos de una manera socialmente adecuada. Siempre es posible decir las cosas de buena manera y no atorarse con ellas. Si aceptas el reto de mostrar tu ser sin tantas reservas, de no avergonzarte de tus sentimientos, de ser tú en cada beso y cada caricia, tendrás toda la autoridad moral para negarte a la indiferencia de tu pareja.

Los que defienden el estreñimiento emocional, con el argumento de que "ésa es su manera de amar", no deberían involucrarse con personas que creen y practican un amor entusiasta y ardiente. Deberían ser coherentes y colgarse un cartel que diga: "No me adapto tan fácilmente al amor ni tengo la mejor intención de sacar a flote mi intimidad y contactarme más allá de lo superficial: ¿hay alguien interesado en ser mi pareja?". La desbandada sería fenomenal.

2 | Establece tus necesidades y hazlas explícitas

Muchas veces nos quedamos callados en vez de expresar el malestar que sentimos para solucionar los problemas. El apego, el miedo a la autoridad o al abandono nos hacen actuar sumisamente y decir "sí", cuando queremos decir "no". Respetarse a uno mismo es reconocerse como merecedor de lo bueno, de lo sano, de lo que nos conduce a la felicidad y no a la humillación.

Y hay más: algunas personas, tratando de evitar el sufrimiento que produce la indiferencia, se mimetizan en el otro y se transforman en aletargados emocionales para "equilibrar" la relación. Su razonamiento es como sigue: "Como no puedo prescindir ni escapar del 'verdugo afectivo', me *transformo* en él". Cualquiera que tenga una pareja fría y distante puede caer en esta especie de síndrome de Estocolmo: una estrategia desesperada de supervivencia, donde la personalidad de uno se diluye en la del otro para evitar el sufrimiento. La víctima se ensambla con el depredador. Una mujer justificaba así su actitud: "El amor exige que uno se adapte a su pareja: es un acto de comprensión". La afirmación sería cierta si la "adaptación" no implicara la autodestrucción del yo: *el buen amor no exige que seas infeliz.* Antes de entregarte a una convivencia fría y deslucida, ten presentes tus deseos más íntimos, aquellos requerimientos sin los cuales no podrías vivir, y comunícalos: "Esto es lo que quiero, esto es lo que necesito"; así de claro, así de simple.

Una buena táctica para reconocer cuáles son estas necesidades es escribirte una carta a ti mismo, como si lo hicieras con un amigo que sufre tu situación: ¿qué le recomendarías? Escríbete una carta de verdad, comprometida y racional, distanciándote de tu problema hasta donde puedas. Ponla en el correo, déjala descansar unos días y luego la lees. Pon en ella lo que *realmente* quieres, nada de "posiblemente", "a lo mejor" o "quién sabe". Nada de medias tintas. Lo categórico se impone cuando hablas de tu felicidad.

3 | ¿Tu pareja te ama como quieres que te ame?

Una vez que tengas tus necesidades claras y definidas, las que no quieres ni deberías negociar, pregúntate si son lo suficientemente satisfechas por la persona que amas. Esta comprobación es fundamental para que logres un equilibro interior y te sientas en paz contigo mismo.

Una joven adolescente le recriminaba a su novio en plena consulta: "¡No es suficiente! ¿Entiendes? ¡No me basta tu amor, no me alcanza! ¡Es poco, insulso, distante! ¡Me siento insatisfecha y abandonada aunque estés a mi lado! ¿Por qué no te vas y me dejas del todo? ¡Si no sabes amar, búscate alguna que te enseñe!". El joven sólo atinaba a parpadear mientras la escuchaba anonadado. Trató de consolarla, pero ella estaba demasiado furiosa y agresiva. Finalmente, se animó a preguntar: "Pero entonces, ¿cómo quieres que te ame?". Lo que desató una nueva tempestad, porque ella esperaba (como la mayoría) que la persona que amamos sepa amarnos o llene nuestras expectativas espontáneamente y no tenga que recibir un curso.

Asumir el papel de pedagogo para enseñarle a la pareja cómo amarnos no deja de ser frustrante. Además, ¿cómo hacerlo? Podrías tomar su mano, pasarla por tu piel y decirle: "Mira, así es como

SI EL AMOR NO SE VE NI SE SIENTE, NO EXISTE O NO TE SIRVE

quiero que me acaricies". También podrías entregarle una lista donde aparezcan claramente las fechas del aniversario, los cumpleaños
y demás, para que no se olvide de tener un detalle. O podrías ilus-
trarle con ejemplos en PowerPoint sobre las mejores maneras de
decir "te quiero" y de abrazar al prójimo sin estrangularlo y sin que
parezca un pésame. Pero sería ridículo, además de artificial. En una
relación afectiva normal, las cuestiones básicas, como la expresión
de afecto, deben estar presentes, así deban ser pulidas en algún
sentido. Por lo tanto, si tu pareja actúa como un zombi y hace gala
de un "amor mecanizado y frío", lo primordial no está resuelto. No
digo que sea imposible humanizar a la pareja; lo que sostengo es
que tal tarea es desalentadora y poco gratificante para un enamorado. El día que debas decirle a tu pareja que su amor ni se ve ni
se siente, empezaste la cuenta regresiva. Sería como explicarle a alguien que los golpes duelen y que por eso no debería pegarte.

4 | No tienes que justificar tu dolor o alegría ante nadie

Recuerdo el caso de un paciente que, cuando llegaba a su casa
preocupado por algún problema del trabajo, su mujer lo senten-
ciaba: "¿Qué habrás hecho mal?". El hombre, haciendo de tripas
corazón y dejando a un lado la rabia que sentía por la falta de solidaridad, trataba de mostrarle las "causas objetivas" de su malestar.
Esta curiosa forma de "acreditación amorosa" tenía un mandato
subyacente al cual él se sometía pasivamente: "¡Pasa al estrado a
ver cuánta razón tienes!". Pero la cosa no se quedaba allí. Una vez
que el hombre explicaba su "caso", la esposa pasaba a rebatirle los
puntos, sosteniendo que no eran motivos "reales" o suficientemente "válidos". En realidad, terminaba poniéndose siempre de parte

del jefe o del tercero en disputa. La premisa de la mujer era muy difícil de congeniar: "Tu dolor no me duele y además me molesta en grado sumo". Un análisis más profundo mostró que no había admiración por parte de ella y que añoraba tener un marido "más valiente". El desamor era evidente. He conocido a muchas personas que muestran una especie de intolerancia a la debilidad o la fragilidad humana en general, y de la pareja en particular: "¡No lloriquees!". Es lo opuesto de la compasión budista o la piedad cristiana: se llama dureza.

En un ejemplo similar, una mujer era sistemáticamente criticada por su esposo (un psiquiatra en ejercicio) cada vez que la veía contenta y feliz, debido a que no hallaba "razones válidas" para "tanta felicidad". Si la veía muy alegre, solía decirle: "¿Estás drogada o maniaca?". Entonces, mi paciente caía en la trampa y de inmediato trataba de "sustentarle" su alegría. Como es natural, el júbilo se desvanecía instantáneamente y con el tiempo llegó a dudar de su propia salud mental. El marido nunca aceptó venir a mi consulta y finalmente se fue a vivir solo, lo cual produjo en mi paciente una fuerte depresión que logró vencer con el tiempo. Las últimas veces la vi reírse a carcajadas sin culpa y sin temor. He conocido gente amargada que es alérgica a la alegría y a cualquier otra manifestación de júbilo, una especie de trascendentalismo trasnochado, incompatible con el amor y altamente destructivo.

En los dos casos comentados, mis pacientes cometieron el error de querer buscar el apoyo de su pareja, tratando de demostrar que sus sentimientos de tristeza y felicidad eran legítimos. La premisa saludable es como sigue: una buena pareja será tu compinche en lo fundamental y nunca será indiferente ni a tu dolor ni a tu alegría. Más aún, se irá lanza en ristre contra quien ose atacarte y recibirá con los brazos abiertos a quien te haga sentir bien.

5 | No te acostumbres a la indiferencia

Asumir la indiferencia afectiva como un hecho irreversible en tu vida es matar la humanidad que reside en ti, porque una vida displicente con el prójimo pierde su significado. ¿Tu pareja no se interesa por ti? ¡Pues no te acoples! Haz como las flores: suelta tu perfume y que el mundo se entere de tu existencia, que los demás puedan percibirte y respirarte y sepan que eres una persona que aún sigue emocionalmente viva y despierta. Quizás alguien quiera aspirar tu aroma... La inapetencia o la dejadez afectiva sostenida que nos manifiesta la persona que amamos no corresponden a una posición política o ideológica, *son un síntoma*.

6 | ¿Estilo o patología?

Una es la *persona introvertida* que intenta demostrar sus estados emocionales y no puede, que además sufre por ello y le gustaría salir del atolladero de la inhibición, y otra el típico *indiferente consuetudinario* a quien no le importa para nada el prójimo, que ignora olímpicamente lo que siente y piensa su pareja, y no hace nada para remediarlo. El introvertido sale adelante con ayuda profesional; la estructura mental está bloqueada y hay que destrabarla para que su capacidad de amar fluya. El indiferente crónico (esquizoide), el egocéntrico narcisista o el psicópata desalmado, sólo por citar algunos, están en otra dimensión; requieren muchos años de terapia y la mejoría es dudosa y a veces imposible. Ya ves que no es igual estar en unos brazos que en otros. Si le das la mano a una persona tímida o introvertida es muy posible que mejore y su expresión de afecto deje de ser insuficiente; pero si le das la mano a un esquizoide, un narcisista o un psicópata, te arrastrarán a sus respectivos infiernos.

7 | El sexo no sustituye al afecto

Sexualidad no es lo mismo que ternura, aunque no son incompatibles. Si bien es cierto que durante las relaciones sexuales los mecanismos de defensa ceden y se ablandan (hasta un esquizoide puede gemir de placer), la fisiología de la ternura recorre otros caminos, más sensitivos y cariñosos que el genital. Las personas que son víctimas de parejas afectivamente indiferentes suelen ver en el deseo sexual del otro una forma incipiente de afecto, en tanto que durante el coito, el indiferente pierde un poco de su frialdad. El problema es que se entrega al placer y no a la persona supuestamente amada; no es el sentimiento amoroso el que dirige el contubernio, sino el deseo carnal. Aun así, los sufrientes se empeñan en percibir afecto donde no parece haberlo o no lo hay.

Una mujer de cuarenta y ocho años, que vivía con un típico esquizoide, explicaba así su estrategia de supervivencia afectiva: "Cuando lo siento más expresivo, más mío, o más 'normal', es durante el acto sexual... Ahí me convierto en el centro único de su atención y, a veces, cuando está muy excitado, me acaricia y abraza. Una vez me susurró algo y cuando le pregunté ilusionada qué me quería decir, perdió la erección. Así es que con el tiempo fui incrementando la frecuencia de las relaciones sexuales para suplir la frialdad de la vida cotidiana. Él cree que soy una ninfómana descontrolada y en realidad no soy más que una mujer que desea sentirse amada e importante para él. Parecería que cuando se quita la ropa, también se quita la coraza y se vuelve más cariñoso. Sé que no es la 'gran ternura' que una esperaría, pero es lo más cercano que alcanzo a obtener". Una entrevista con el hombre bastó para darme cuenta de que durante las relaciones sexuales no estaba "concentrado en su mujer", como ella quería pensar, sino exclusivamente en él, en la información placentera de su propio cuerpo.

Repitamos: el sexo no sustituye a la ternura, pero, en algunos casos, ayuda a que el autocontrol emocional se pierda y asomen vestigios de afecto o de algo que se le parece. Sin embargo, cuando la indiferencia es crónica y responde a un patrón fijo de personalidad, el sexo no pasa de ser sexo puro, y si bien el deseo relaja músculos y tendones, la frialdad afectiva no cede un ápice. Todo se reducirá a una fisiología concentrada en el placer por el placer. Si te quieren de verdad, el afecto no siempre estará pegado al sexo.

8 | Si no eres feliz en tu relación ni te vas, pide ayuda profesional

El limbo de los que aman demasiado y temen perder a su pareja. Veamos esta conversación:

TERAPEUTA: ¿Te satisface su manera de amar?
PACIENTE: No.
TERAPEUTA: ¿Qué falta?
PACIENTE: Más cariño, amabilidad, cortesía, cuidado, compromiso, interés, preocupación, caricias.
TERAPEUTA: Entonces careces de muchas cosas.
PACIENTE: Así es.
TERAPEUTA: Podríamos ponerle un nombre a todo esto... por ejemplo, "indiferencia".

PACIENTE: Sí, ésa es la palabra. La peor palabra para alguien tan enamorada como yo.

TERAPEUTA: Sufres mucho, ¿verdad?

PACIENTE: Demasiado, ya he intentado quitarme la vida dos veces.

TERAPEUTA: Es una relación peligrosa... ¿Has pensado en dejarlo?

PACIENTE: Lo amo.

TERAPEUTA: Lo entiendo. Sin embargo, el amor sano es recíproco; si no se devuelve, se pierde.

PACIENTE: Yo soy la que está perdida...

TERAPEUTA: ...resignada a tu suerte.

PACIENTE: Así es; ni exijo ni me voy.

TERAPEUTA: Entonces, ¿qué esperas?

PACIENTE: Nada. Absolutamente nada.

A los pocos meses, el hombre la dejó por otra y ella hizo un tercer intento de suicidio, afortunadamente, fallido. Después de dos años de terapia, logró emprender una nueva vida, más libre y lúcida. Metafóricamente, suele decirse: "Lo maté con indiferencia". Sin embargo, esta afirmación del acervo popular no es tan "metafórica"; en mi experiencia como terapeuta puedo afirmar que la indiferencia afectiva maltrata y mata, no sólo en un sentido figurado.

Lo peor que puedes hacer, si estás con alguien que dice amarte pero no te voltea ni a mirar, es no hacer nada. Toma nota: si sientes que los días se hacen cada vez más largos y pesados, y tienes pensamientos negativos sobre ti, el mundo y el futuro, no lo dudes un instante: pide ayuda profesional. La depresión anda rondando.

PRINCIPIO 8

NO IDEALICES AL SER AMADO: MÍRALO COMO ES, CRUDAMENTE Y SIN ANESTESIA

Pudo haber sido esto, pudo haber sido aquello,
pero se ama y se odia lo que es.
RUDYARD KIPLING

El amor es un estado en que el hombre ve
decididamente las cosas como no son.
FRIEDRICH NIETZSCHE

Los modos de idealizar a la pareja son muchos y variados. Puedes ubicar a la persona que amas en el cielo o en el infierno, mentir y mentirte, sesgar, imaginar cosas que no son, distorsionar, agregar o quitar, alargar o achicar, acomodar y desacomodar, en fin, puedes inventar lo que quieras de la persona amada o incluso enamorarte luego de crearlas. En mi experiencia, he llegado a la conclusión de que prácticamente todos los enamorados, en mayor o menor grado, inventan de alguna manera a su pareja. La parte racional ama al sujeto verdadero, y el lado idealista y romántico construye virtualmente el sujeto de nuestros sueños. Al querer "pulir" al otro y perfeccionarlo al máximo, creamos una corteza psicológica aislante (la imagen proyectada), que nos impide hacer un verdadero contacto con la otra persona. No cantes victoria; a ti también te pasa.

Hemos interiorizado dos máximas sociales que son ciertas: "Si amas lo que amo, nos amaremos más" o "Si valoras lo que valoro, nos amaremos más"; y hacemos cualquier cosa por obtenerlas, así sea alterar los datos. ¿Quién no ha escuchado alguna vez la expresión "Somos tal para cual"? Como si la superposición absoluta permitiera un acceso directo a la felicidad. Pues no es así. Si escarbáramos en más de una relación "tal para cual", nos sorprenderían las discrepancias enmascaradas que se esconden en ellas: las parejas superpuestas en un ciento por ciento terminan confinadas a

MANUAL PARA NO MORIR DE AMOR

la rutina. Si puedes anticipar con bastante certeza lo que tu pareja piensa, siente o hace, estás mal; una relación sin sobresaltos, sorpresas y descubrimientos es tan predecible como aburrida.

Ver a la pareja tal como es, en su más escueta y cruda humanidad, requiere cierta dosis de valentía, porque si limpiamos la mente de autoengaños podría no gustarnos lo que vemos. Consistentemente con lo anterior, alguien me decía: "¿Y si lo que descubro en ella no me gusta?". Pues si eso te ocurre, tómate un buen tranquilizante y medita bien la cuestión, porque estás con la persona equivocada (a no ser que prefieras tener una "pareja virtual"). No estoy diciendo que *todo* lo de tu pareja deba gustarte; nadie es perfecto. De lo que hablo es de hacer un contacto *full*, completo, sin embellecedores ni camuflajes y luego ponderar si te dan ganas, te nace o si quieres arriesgarte. *Amas lo que el otro es o no amas nada*.

Idealización y defensa del ego

En ocasiones, las mentes enamoradas necesitan sobredimensionar el objeto de su amor para obtener una ganancia adicional e inflar el ego: "Si mi pareja es genial y es feliz de estar conmigo, algo especial debo tener". Idealizas al otro para sentirte mejor contigo mismo. La premisa es claramente narcisista: *Dios nos cría y nosotros nos juntamos*. He conocido a personas que en el momento de presentar a su pareja, sacan a relucir el *curriculum vitae* de ella como si quisieran mercadearla. Pavonearse con la persona amada es convertirla en un objeto del deseo, un logro "personal" o un triunfo. Algunos las cuelgan como medallas, junto a otras *cosas* de valor.

No sostengo que seamos insensibles a los atributos de la persona que amamos, pero una cosa es la admiración y otra la idolatría con fines de lucro. Hacer depender la propia autoestima de la valoración de nuestra pareja es un arma de doble filo. No podrás hacerte cargo de tu propio crecimiento personal (vivirás enganchado a un ego ajeno) y, tarde o temprano, terminarás exagerando algunas de sus virtudes para que reviertan en tu propia aceptación. Repito: si lo que deseas es ensalzar la valía personal de tu pareja para magnificar la tuya, vivirás tratando de mantener la "buena imagen" del otro y perdiendo tu punto de referencia interior.

Cuatro maneras de idealizar al ser amado y distorsionar la realidad a favor del "amor"

No sólo idealizamos el amor sino a nuestra pareja, objeto y sujeto de nuestros deseos amorosos. Mucha gente pretende sacar al ser amado de la realidad y darle un carácter astral: *omnipresente* (ya que ocupa todo nuestro ser), *omnipotente* (ya que todo lo puede) y *omnisapiente* (ya que es fuente de profunda sabiduría). La pregunta cae de su peso: ¿para qué quieres una pareja con superpoderes? ¿No estás muy grande para jugar a los superhéroes? Yo sé que el amor sesga a su favor, pero si crees que estás con un ser casi sobrenatural, su lado humano te resultará insoportable. Éste es el problema principal de la idealización amorosa: tropezar con los hechos y descubrir que tu pareja suda, huele, se deprime, se frustra, es egoísta a veces, se ofusca, llora y cosas por el estilo. Un paciente me decía entre asombrado y desilusionado: "No puedo creer que la hayan echado del trabajo. Iba rumbo a ser gerente de la empresa... Pero lo que más me sorprendió fue su reacción. ¡La vi tan débil e insegura! No sé qué pensar, me siento un poco decepcionado". ¿Y qué esperaba mi paciente? ¿Que después de perder el trabajo, la mujer saltara en un pie de la alegría? Desilusionarse porque el otro tiene una reacción normal y comprensible raya en la crueldad.

Independientemente de los motivos por los cuales tendemos a idealizar a la persona amada (por ejemplo, amor romántico, miedo, agrandar el ego, necesidad de aprobación social), hay cierta manera idiosincrásica de sesgar la información. Con fines didácticos, señalaré las cuatro formas más comunes de idealización, teniendo en cuenta que, en la práctica, todas suelen funcionar juntas y entremezcladas.

Ceguera amorosa o ignorar lo malo

Algunas idealizaciones son conscientes y abiertamente descaradas. Una mujer me explicaba: "Todos los hombres que he tenido han sido un calamidad. Yo me concentraba en los defectos que tenían y me moría de la rabia. Así que decidí hacerme de la vista gorda y mirar para otro lado cuando algo no me gustaba. Me va mejor de esta manera, sufro menos y a mis cincuenta años sé que no puedo andar con tantas exigencias". La estrategia de afrontamiento elegida por mi paciente podría resumirse así: no me interesa conocer o ver lo que no quiero del otro, entonces, *lo ignoro*; no existe y punto.

Infinidad de personas aman solamente la parte del otro que les conviene o que les afecta menos: "¿Mi marido es infiel? Esa parte no me interesa", "¿Ella consume drogas? No sé de qué me habla" o "¿Mi pareja se juega el dinero en el casino? No creo que sea cierto". Tácticas de supervivencia para enfrentar una realidad que nos sobrepasa y con la que no sabemos qué hacer. Cuando el peligro ronda, algunos hacen como el avestruz y meten la cabeza en un hueco, creyendo que con ello el riesgo será menor. Los niños pequeños recurren a una táctica similar cuando están frente a algo que no les gusta: se tapan los ojos y piensan: "Si no lo veo, no existe". Obviamente, el costo de semejante autoengaño es mortal para cualquier relación, porque el lado que no queremos ver ni asumir existe y se manifestará a su debido tiempo, produciendo caos y desconcierto.

Hay cierta inmadurez e irresponsabilidad en no tomar en cuenta los comportamientos negativos del otro. Por ejemplo: si no te importa que tu pareja sea infiel o que se juegue tus ahorros en cualquier casa de apuestas, terminarás con cuernos y en la pobreza absoluta. Es el riesgo de ignorar lo que no debe ignorarse, porque una cosa es obsesionarse por los defectos de la persona que amamos y otra desconocerlos por miedo a enfrentarlos. Este optimismo deformado no anima, engaña, mientras que un buen pesimista es ante todo un sujeto bien informado y cuanto más informado esté, tendrá menos probabilidades de errores. Así que entre el optimismo eufórico del enamoramiento y el escepticismo inteligente del amor maduro te recomiendo este último, aunque no haya mariposas o murciélagos en el estómago.

Focalizarse en lo bueno y exagerarlo

Es la otra cara de la ceguera amorosa: resaltar lo bueno y, de ser posible, maximizarlo. Felicitar y festejar el buen comportamiento por encima de los negativos, así estos últimos sean muchísimos y considerablemente más graves. Es la compulsión por el refuerzo que se focaliza exclusivamente en lo positivo y lo multiplica hasta crear la impresión de que todo lo de tu pareja es maravilloso. De esta manera, la enamorada o el enamorado se dedican a premiar y elogiar al otro por cualquier cosa, así sea lo más normal del mundo: "¡Eres maravilloso!", "¡Eres genial!", "¡No hay nadie como tú!", "¡No pareces de este planeta!", y cosas por el estilo. Y de tanto reforzar estruendosamente las conductas de la pareja y concentrarse solamente en lo "bueno", ambos terminarán creyéndose la mentira. No pienso que debamos ser rigurosamente objetivos con la persona amada (entre otras cosas, porque el amor no nos deja), pero una cosa es el juego del embellecimiento romántico e inofensivo y otra, ver grandiosidad donde no la hay.

Si todos los días y a todo momento te repiten constantemente que eres lo más parecido a un dios o una diosa, terminarás pensando que algo de razón podría tener el que te alaba. El día más inesperado, te miras al espejo y te dices: "¿Por qué no?". El vínculo que se crea entre un halagador compulsivo y un halagado complaciente suele ser altamente simbiótico y muy resistente al cambio. Una vez asistí a una cena con una pareja que reunía estas condiciones. Sólo para citar un ejemplo de lo que fue un rosario de felicitaciones y aplausos, me referiré a la ensalada. ¡Una simple e insípida ensalada! El hombre, que según la mujer era experto cocinero, colocó simétricamente en un plato grande unas cuantas lechugas de la misma variedad; luego le agregó un poco de berro, dos jitomates en rodajas y sobre cada rodaja un rábano. La aderezó con aceite de oliva y vinagre. La esposa se relamía con cada hoja de lechuga que probaba, como si fuera algún tipo especial de caviar. El resultado fue: lechuga, aceite, vinagre y media hora de comentarios sobre la importancia de la distribución de las verduras en el plato y la proporción exacta de cada ingrediente. Sin duda, algo cercano al delirio culinario, mientras los comensales hacían esfuerzos denodados para encontrar genialidad en donde no la había. Yo pienso que después de tantos años de refuerzo indiscriminado, el hombre debió de haber perdido el sentido de las proporciones. Y si lo analizo con cuidado, recuerdo que él, con disimulo y amparado en una falsa modestia, se ufanaba de las pálidas y deslucidas lechugas. ¡Es tan fácil crear un monstruo de vanidad!

Si tu pareja te dice que eres el ser más hermoso, único, especial, brillante, sexy, original, creativo, trascendente y cosas por el estilo, disfrútalo, pero no te lo tomes al pie de la letra, no se lo creas todo. Esta frase de Ortega y Gasset nos abre una reflexión interesante: "No es que el amor yerre a veces, sino que es un error; nos enamoramos cuando sobre otra persona nuestra imaginación proyecta inexistentes perfecciones". ¿Qué tanto proyectas? ¿Eres consciente de ello?

Minimizar los problemas o "No es tan grave"

Hay personas que se la pasan guardando la mugre bajo el tapete, hasta que un día (siempre ocurre así) la montaña de basura se hace tan grande que les obliga a mirar debajo. Y es entonces, cuando ya no tienen cómo escapar y la realidad les pega de frente, que utilizan el sesgo de minimizar: "No es para tanto" o "No me parece tan grave". Aquí no se ignoran los problemas; se les reduce o se les interpreta benévolamente, cuando no lo son. Mientras que en el caso anterior se exagera lo bueno para construir un paraíso emocional ficticio, aquí se pone la lupa al revés y todo se hace imperceptible. Veamos dos casos.

"No son golpes mal intencionados"

Un paciente era víctima de una mujer extremadamente agresiva, quien incluso había llegado a golpearlo. Asistió a consulta porque la esposa le había tirado una plancha en la cabeza y tuvo que ir de urgencia al hospital. Una vez allí, animado por su familia, intentó poner una denuncia por maltrato, pero el agente en turno lo sacó de un brazo, diciéndole que en su delegación no se atendían "hombres afeminados y enclenques". Con su cabeza vendada y el ego malherido, empezó las consultas con la esperanza de que su esposa acudiera a las sesiones "para que controlara *un poco* su carácter". La siguiente es parte de una conversación que sostuve con él:

TERAPEUTA: ¿Cuántos años lleva sufriendo este maltrato?

PACIENTE: Unos quince años.

TERAPEUTA: Es mucho tiempo... ¿Se ha defendido alguna vez?

PACIENTE: Usted está exagerando; mi mujer no es una criminal.

TERAPEUTA: Es verdad. Sin embargo, ¿no cree que los trece puntos que le hicieron en la cabeza, el hematoma y los exámenes neurológicos sean para preocuparse? El desenlace podría haber sido fatal.

PACIENTE: Estos actos tan violentos ocurrieron tres veces solamente... La mayoría de las veces sólo son insultos y empujones.

TERAPEUTA: ¿No le molesta que lo insulten y empujen?

PACIENTE: Eso pasa en casi todas las parejas.

TERAPEUTA: Siento discrepar, pero no es así.

PACIENTE: Cuando hay amor, todo se supera, y ella es una buena persona... El único problema es que tiene un carácter muy fuerte.

TERAPEUTA: ¿Le teme?

PACIENTE: ¿A ella?

TERAPEUTA: Sí.

PACIENTE: Un poco, pero no siempre... Es manejable... No es que yo me quede quieto y no intente defenderme, pero pienso mucho las cosas antes de decirlas o hacerlas.

TERAPEUTA: ¿Por qué ha pedido ayuda?

PACIENTE: Mi familia insistió, pero yo creo que no es necesario.

TERAPEUTA: ¿Le parece bien que yo hable con ella?

PACIENTE: Me parece bien.

A cada pregunta mía se encogía de hombros, como diciendo: "No vale la pena". Podemos empequeñecer la vida misma si se nos da la gana. Mi paciente tenía un problema de evitación crónica y falta de asertividad que lo llevaba a menospreciar los hechos negativos de su pareja y a no medir sus consecuencias reales. Sólo una terapia intensa y a largo plazo logró que pudieran tener una relación más funcional. La señora logró disminuir sus conductas agresivas y mejorar el autocontrol, y mi paciente aprendió a no minimizar la información real y a ser más asertivo.

"Dios aprieta, pero no ahorca"

Recuerdo el caso de una mujer muy dependiente, casada con un hombre alcohólico y muy violento. La táctica defensiva de mi paciente, en el momento de ser atacada por el marido, era taparse la cara con las manos y repetirse a sí misma, en voz alta, una y otra vez: "¡Dios aprieta, pero no ahorca! ¡Dios aprieta, pero no ahorca!". Su creencia era que Dios nos presenta infinidad de dificultades para crecer y aprender, pero jamás pretende hacernos daño. Más allá del respeto que merecía su manera de pensar, traté de hacerle caer en la cuenta de que, en su caso, el que apretaba y ahorcaba era su marido. Le sugerí que reflexionara sobre un dicho popular que es aceptado por las personas que compartían sus creencias religiosas: "A Dios rogando y con el mazo dando".

Tengo serias dudas de que un ser superior nos "apriete" para que tomemos conciencia y reaccionemos; y tampoco creo que tal estrujamiento justifique la violación de los derechos humanos. Sin embargo, mi paciente estaba embebida en un monumental mecanismo de defensa muy difícil de desmontar. En una sesión, me aseguró: "Algo deberé aprender de esto; algo querrá decirme la vida".

MANUAL PARA NO MORIR DE AMOR

Le respondí que quizá la vida, la naturaleza, Dios o el cosmos le estaban sugiriendo que corriera lo más lejos posible y denunciara al infractor. Hay formas más civilizadas y humanas de aprender que someterse a la tortura (aunque algunos todavía creen que la letra con sangre entra). Ella pensaba que su marido era un instrumento cuasi divino que le permitía purificarse. *No sólo lo idealizaba; lo santificaba*. Un asesor religioso logró sacarla adelante, y ella logró acceder a su Dios de una manera menos autodestructiva, donde, claro está, su marido no cumplía ninguna función de intermediario.

Pretender ser amigo de quien te lastima

Aquí la estrategia es hacer borrón y cuenta nueva, para modificar el vínculo de tal manera que la idealización no se pierda. La clave es conferirle a la pareja el estatus de "amiga" o "amigo", para salvar su magnificencia: "No es un buen marido, pero es un excelente amigo" o "Como esposa es un desastre, pero como amiga es excepcional". Quitar una idealización y conectarse a otra: cambiar de pedestal, sin afectar la condición del sujeto. La pareja que unos días antes podría haber sido considerada un espanto, es ahora evaluada positivamente. ¿Cómo comprender esto? ¿Podemos saltar de ser casi enemigos a ser grandes amigos de la noche a la mañana? ¿Puede una persona que te amargó la vida por años transformarse repentinamente y sin rencores en uno de tus mejores compañeros? A los amigos se les respeta y admira, se les quiere y se confía en ellos, y esto requiere una historia previa donde la proximidad va construyéndose en el día a día, alrededor de un número considerable de coincidencias y experiencias vitales. No podemos cambiar el estatus afectivo de una relación como por arte de magia e ignorar el pasado. *Perdonar no es padecer amnesia;*

es recordar sin dolor, y eso se logra con un trabajo interior serio y soste-nido y no por decreto.

Un paciente me decía: "Ya no somos pareja, pero quedamos como amigos. Al menos, mantengo un vínculo con ella y no la pier-do del todo. Me apegaré a su lado bueno". ¿Y qué debía hacer el hombre con el amor que le salía por los cuatro costados y lo ago-biaba? ¿Qué hacer con el sufrimiento que ella le había generado? ¿Ocultarlo, sublimarlo en una supuesta amistad que se convertiría en un nuevo suplicio al estar cerca de ella y no poder ni tocarla? Ser "amigos" de alguien que amamos y no nos ama no deja de ser una "estupidez amorosa" que, sin duda, te hará daño. No sobrees-times tus fuerzas.

El culto a la personalidad

El culto a la personalidad se caracteriza por una excesiva adora-ción y adulación a la persona amada. Los que entran en esta va-riante emocional pasan del amor a la pleitesía y del cariño a la reverencia. Una vez escuché a una joven mujer decirle a su novio lo siguiente: "No sabes cuánto agradezco que te hayas fijado en mí. Una persona como tú, que está por encima de los demás". Debe de ser muy complicado enamorarse del líder, el maestro o el gurú en turno, siendo un simple mortal. Es verdad que a veces eroti-zamos a quien admiramos, pero una relación de pareja saludable no es un "secta de dos" donde uno es el ungido. A la pareja hay que amarla relajadamente, degustarla, disfrutarla, abrazarla, ha-cerle cosquillas, tomarle el pelo, reírse con ella, invadir su territo-rio y compartir secretos, sin tantos códigos y requisitos formales, sin caer a sus pies o prenderle velas. Cuando le rindes tributo a la persona que amas, eres súbdito y no pareja.

Para que lo tengas más claro: si reúnes algunas de las siguientes conductas o actitudes, estás metida o metido de narices en una relación afectiva cuyo motor es el culto a la personalidad.

- Sientes que la persona que amas es alguien superdotado y fuera de serie ante quien te postras. El amor que sientes se confunde con veneración, devoción, adoración o idolatría. Su personalidad merece que le rindan culto, porque aunque no es un dios o una diosa, se le parece bastante.

- Aceptas sin criticar todo lo que tu pareja te dice o sugiere. Consideras que sus puntos de vista son la expresión de la más profunda sabiduría, lo que te imposibilita cualquier refutación u oposición. Poco a poco, el vínculo afectivo/sexual se va trasformando en una relación maestro/alumno. ¿Cómo hacer el amor con tu "guía espiritual" y no morir en el intento? ¿Cómo ser tú mismo con alguien que está "más evolucionado" y te lleva años luz de ventaja?

- Atacas a cualquier persona que no vea lo inefable de tu pareja. La premisa es: "Quien no alcance a vislumbrar su maravillosa esencia no merece estar a su lado y será declarado mi enemigo personal".

- Crees que debes convertirte en biógrafa o biógrafo de tu pareja y documentar aspectos de su vida cotidiana, como llevar un diario de sus frases célebres o de sus pensamientos, un álbum con sus fotos, guardar la ropa que ya no usa, grabar o filmar sus actividades, en fin, intentar construir una memoria histórica, bien organizada y sistematizada, que haga las veces de santuario y de archivo.

- Le atribuyes dones o capacidades fuera de lo normal y estableces correlaciones ilusorias entre estos "poderes" y la realidad. Por ejemplo, crees que es capaz de adivinar el futuro,

identificar la maldad o la bondad de la gente con sólo mirarla, leer la mente y cosas por el estilo.

No me estoy refiriendo a la exaltación natural y juguetona que hacemos de la persona amada, cuando endulzamos sus oídos para que
se estremezca y exageramos los piropos para ensalzar el romance.
De lo que hablo es del convencimiento irracional e infundado de
que nuestra pareja es tan especial y única que el amor común y co-
rriente no alcanza a colmar su extraordinaria condición. No hablo
de amar, sino de canonizar. En ocasiones, cuando me enfrento a
ciertas idealizaciones afectivas francamente descabelladas, le suelo
preguntar a mis pacientes: "Discúlpeme: ¿su pareja vuela?".

De la idealización al desprecio

No hay verdad mayor: puedes pasar rápidamente del amor al odio
si tocas la tecla adecuada. A veces, la indignación y la ira se dispa-
ran con tanta fuerza que el amor sale por la puerta de atrás y no
queda nada. Ya comentamos que la decepción posee esta facul-
tad liberadora de quitarnos de encima el mal amor, pero no es la
única. Algunas personas con tendencia a la idealización afectiva,
cuando descubren que sus parejas ya no las aman ni las desean,
se sienten profundamente "ofendidas" y pasan de la veneración
al desprecio en un instante. No sólo la tristeza por la pérdida los
sacude, sino también y principalmente la cólera por ya no perte-
necer al mundo celestial y admirable que el otro les ofrecía; es el
síndrome del ángel caído y su consecuente expulsión del paraíso
amoroso, así sea un espejismo.

Algunos enamorados piensan que su media naranja tiene la
"obligación" de amarlos o desearlos, y cuando esto no ocurre, se

sienten "engañados". No deja de ser absurdo exigir amor como si se exigiera respeto, porque si piensas que tienes el derecho a que te amen, el otro tendría el deber de amarte, lo cual es éticamente incorrecto. Una mujer le gritaba a su desenamorado esposo: "¡¿Quién te has creído que eres?! ¡¿Piensas que puedes dejar de quererme de un momento a otro?! ¡Yo merezco respeto!". Y luego, golpeando la mesa, gritaba: "¡Traidor! ¡Traidor!". Unos minutos antes de enterarse de que él ya no la amaba, la mujer había expresado que su marido era "el mejor hombre del mundo", repleto de valores y virtudes. Y en un abrir y cerrar de ojos, la valoración positiva se hizo añicos y pasó del encanto al desencanto. ¿El motivo? Ya no la quería. Perdonamos más fácilmente el desprecio o el desamor de la gente común que el desamor de nuestros ídolos. Así no nos guste, nuestra pareja tiene el derecho a dejar de amarnos. ¿Y qué podemos exigir entonces? *El derecho de recibir a tiempo aquella información que pueda lastimarnos.* Si la persona que has idealizado ya no te ama, no será un simple duelo lo que tengas que afrontar, sino el destierro existencial de una bienaventuranza que llenaba tu ser, así fuera imaginaria. Tú lo creaste.

Pequeña guía para no idealizar a tu pareja y aterrizar el amor

1 | ¿A quién amas: a la pareja real o a la imaginada?

Es una pregunta ineludible, si quieres mantener en pie tu relación. Posiblemente te genere algo de temor interrogarte sobre qué tanto le has "agregado" o "quitado" a la persona que amas. El primer paso para saber con quién estás realmente es asumir que podrías haberte equivocado con la elección que hiciste; sin embargo, para tu consuelo, muchas personas que deciden ver a la persona que aman tal como es, sin sesgos ni maquillajes, descubren que lo "no idealizado" es mejor y más gratificante que el personaje "inventado".

Empecemos por lo elemental y hasta obvio: tu pareja no es perfecta. Bienvenido al mundo de los normales. Y como tu ser amado no es cuerpo glorioso, tendrás que vértelas con su lado bueno y su lado malo. Esto te llevará a sacar nuevas conclusiones sobre lo aguantable y lo inaguantable, si las virtudes pesan más que los defectos o a la inversa, y cómo te las arreglas con lo malo. Ésa es la mala noticia para los idealizadores: *si solamente amas una porción del otro no podrás construir una relación estable.* Puede que no te agraden algunas cosas, pero debe haber una aceptación de su esencia, de su valía personal, más allá de los déficits.

Entonces, para saber a quién amas, debes conocer a fondo a tu pareja. En mi experiencia como terapeuta, me sorprende ver la ignorancia que algunas personas tienen acerca de sus parejas y la sorpresa que manifiestan cuando les cuento alguna cosa de ellas. Veamos dos ejemplos de sobresaltos positivos.

- Le digo al esposo: "A su mujer le encantan las fantasías sexuales. Una de sus preferidas sería hacer un trío con usted y otra mujer". El hombre se queda boquiabierto y me dice: "No puedo creerlo, pensé que era una mojigata... ¡Dios mío, tiene mi misma fantasía!". ¿Cómo no imaginar el encuentro, ese día, cuando cada quien diga la verdad y destapen sus cartas sexuales? Esto no significa que se aboquen desesperada y compulsivamente a buscar encuentros cercanos del tercer tipo, de cualquier color y forma. El erotismo fantasioso es para degustar despacio, de común acuerdo y sin presiones, ya sea real o imaginariamente. Es jugar juntos, descubrirse y divertirse. Entre ellos se abrió una puerta que había estado cerrada por años.

- Le digo a una mujer: "Su marido lee muchos libros de budismo. Los tiene en la oficina, porque teme que usted por ser católica lo critique". La mujer me mira asombrada: "¡Pero si yo estoy yendo a clases de budismo tibetano y meditación!". Ella hacía yoga por la mañana, después de que él se iba. Parece extraño, pero ocurre con más frecuencia de la que uno cree. Vivimos con alguien que decimos amar y, por falta de comunicación, terminamos en dos burbujas inconexas. En este caso, ¡no sabían de sus inclinaciones espirituales!

Los ejemplos mencionados dejan claro que muchas veces no tenemos el suficiente contacto y, aunque vivimos bajo el mismo techo, no lo hacemos íntimamente: *si no conoces a tu pareja, probablemente ella tampoco te conozca.*

2| Identifica las distorsiones con las cuales idealizas

Si ya aceptaste, así sea a regañadientes, que a lo mejor no conoces tan bien a tu media naranja, debes apoyar el beneficio de la duda con actos inteligentes y psicológicamente bien encaminados. Si eres valiente, quitarás el velo de los "embellecedores" para ver cruda y directamente a la persona que amas. Identifica las distorsiones de las que hemos hablado (ceguera afectiva, exagerar lo bueno o minimizar lo malo) y, cuando sepas cuáles son, elimínalas. No descartarás lo malo: lo integrarás a todo lo demás. Tampoco magnificarás sus aspectos positivos ni minimizarás sus errores, sino que la observarás en su verdadera dimensión. Todo en su justa medida. Para poder mirar sin sesgos, tienes que renunciar a la idea de que la persona que amas raya en la perfección.

Ver sin sesgos a tu pareja es mirarla holísticamente: indagar su vida cotidiana, su historia, su visión del mundo, cada uno de sus roles y demás rincones de su existencia. Tu compañero, además de ser *tu* pareja, tiene padres, hermanos, trabajo, amigos, hijos, gente de fuera con la cual se relaciona, establece vínculos y crea sentimientos. Y una vez que hagas el viaje desprevenido (sin distorsiones) hacia el ser amado, invítalo a que repita el mismo viaje en sentido inverso. Sea cual fuere tu decisión, obrarás con pleno conocimiento de causa; lo que pienses de la persona que amas no será una mentira autoimpuesta, sino la certeza de quien obra por convicción.

3 | ¿Para qué quieres una superpareja?

¿Eres de las personas que sueñan con tener como pareja a una supermodelo o a un supergalán? Piénsalo un instante y respóndete con sinceridad: ¿para qué quieres una persona así? ¡Tendrías que mantener a raya a una multitud desenfrenada de admiradores o admiradoras! Además, después de unos meses de estar juntos, el aspecto físico, si es lo único que hay, tiende a perder su efecto inicial (ya no es novedad). Quizá ya te ha pasado. Estás con alguien muy atractivo y al cabo de un tiempo ya no parece lo que era. Se normaliza, se afea. Y cuando menos lo piensas, te empieza a gustar alguien que está muy lejos de tus estándares de belleza. ¿Por qué? Porque no te enamoras de la fama, del estatus, de un cuerpo o de la billetera (aunque estas cosas ayudan bastante en la etapa inicial de la conquista): te enamoras de la persona, de lo que es en sí misma, de su personalidad, de su humor, de sus guiños, de su sonrisa, de cómo quiere a su familia, de su sensibilidad, de sus ideas. No digo que el físico no importe, lo que sostengo es que no es suficiente para enamorarse: *más importante que el cuerpo es cómo se lleva y qué se hace con él.*

Las superparejas no existen, así que no las inventes ni las exijas. La trampa es como sigue: si el sueño es engancharte con la mujer de diez o el hombre de diez (famosos, adinerados, bellos), pero ninguno de estos seres especiales se fija en ti, entonces te buscas una pareja "normal" (que debería bastarte) y empiezas (consciente o inconscientemente) a "recomponerla" y emperifollarla para que suba de nivel. Este "cambio extremo" ni siquiera debe ser real; basta con que la mente lo perciba así y puedas exhibirte socialmente con ella. ¿Habrá mayor estupidez, mayor desgaste, mayor irrespeto por el otro?

4 | No le rindas pleitesía a nadie

Dar refuerzos, festejar los éxitos de la persona que amas o expresar afecto libremente es agradable y mantiene activa tu condición humana. Entregar amor al prójimo parece ser placentero en sí mismo; sin embargo, todo hace pensar que cuando estamos en pareja, este "altruismo emocional" requiere retroalimentación para que funcione bien. Nuestra mente busca reciprocidad en la persona amada. Esta correspondencia no debe ser milimétrica y puntillosa, pero sí debe existir en tanto el corazón y el cuerpo la demandan. No se trata de egoísmo, sino de necesidad y expectativas: si damos sexo, esperamos sexo; y si somos fieles, esperamos fidelidad. Amor con amor se paga, dice el refrán, y no hay nada mercantilista en ello; simplemente no queremos estar con alguien narcisista o indiferente que nos mire por encima del hombro o que se le "olvide" amarnos.

En el proceso de idealización del otro, este toma y daca, el balance esencial de la democracia amorosa, se rompe o se debilita, pues vemos al otro como un ser superior. Rendirle pleitesía a la persona que amas te llevará a la sumisión y a la obediencia ciega: cuando tu existencia adquiere sentido gracias a tu pareja ya estás cuesta abajo.

5 | Que te amen por lo que eres

Éste es el otro punto de vista: el de aquellos idealizados que ya están un poco hartos de hacer el papel de personas especiales. ¿Nunca has pensado que a lo mejor a tu pareja no le agrade tanta parafernalia alrededor de su personalidad? No deja de ser un peso incómodo mantener el nivel que exige un súbdito.

Si cuando te idealiza tu pareja aceptas la exaltación y te quedas allí, hipnotizado por los halagos, algo anda mal con tu autoestima. ¿No será preferible que te amen por lo que eres? En cierta ocasión, le pregunté a una mujer si realmente amaba a su marido, y me respondió: "No sé, no estoy segura... Pero él sí me admira y me quiere; me hace sentir como una reina". ¿Quieres una pareja o un adulador profesional? Aceptemos que es tentador que a uno lo eleven a la categoría de semidiós, hay algo de mitológico y mágico en esto, además de resultar muchas veces excitante. Fantasear con ser Zeus o Afrodita tiene su encanto (conozco algunos que lo han convertido en costumbre sexual); sin embargo, no falta quien se apegue al personaje y, tal como les ocurre a los que prueban ciertas drogas, se quede enganchado. Sentirse idealizado o idealizada crea dependencia y adicción en las personas inseguras. Un hombre, elevado a las más altas esferas cósmicas por su esposa, me decía: "Yo sé que no es verdad lo que ella me dice, pero es como si lo fuera. Prefiero creer que es cierto". Una *Matrix* amorosa: vivir en la ilusión del autoengaño afectivo como si ésa fuera la realidad. Te dicen que no hay amantes como tú, y te lo crees; que eres la persona más hermosa del planeta, y te lo crees; que nadie posee tu inteligencia, y te sientes Einstein. Al cabo de unos años, además de haber perdido tu identidad, serás un manojo de mentiras insostenibles.

6 | El amor terrenal es más divertido

Ésta es una cuestión eminentemente práctica y de sentido común. La gracia del amor humano no está en su santidad, sino en la humanidad imperfecta que nos define. Y, por eso, el amor puede llevarte al mayor sufrimiento o la mayor de las dichas. El amor glorificado es aburrido y serio, porque en aras del "respeto reverencial" se pierde el humor, la picardía, la espontaneidad, el asombro y cualquier cosa que rompa la formalidad de manera irreverente. Nadie le juega una broma al líder de la secta y sigue como si nada hubiera pasado: vendrán los golpes de pecho, las mortificaciones y una que otra ofrenda para subsanar el irrespeto. Mejor un amor terrenal con alguien de carne y hueso, sin demasiados momentos estelares; mejor un amor bellamente defectuoso y tan realista y humano como se pueda. Si no te alcanza el amor normal, tienes un problema, porque es el único que hay.

EL AMOR NO TIENE EDAD, PERO LOS ENAMORADOS SÍ

Feliz aquel que fue joven en su juventud;
feliz aquel que supo madurar a tiempo.
ALEXANDER PUSHKIN

En los ojos del joven, arde la llama;
en los del viejo, brilla la luz.
VICTOR HUGO

¿El amor no tiene edad? Quizá sea verdad: nos podemos enamorar a los cien años de un adolescente o de la maestra del colegio cuando apenas somos unos párvulos. Parecería que el amor no respeta cronologías: suelta sus redes y ahí quedamos atrapados, todos contra todos, sin importar la época. No obstante, si bien es cierto que el amor parecería no tener edad, los enamorados sí la tienen. "Tengo cuarenta y tú veinte", señala una canción romántica, tratando de mostrar que no es tan fácil balancear las diferencias cronológicas. O la inversa: "Yo veinte y tú cuarenta", o cincuenta, sesenta... Aunque el flechazo amoroso no respeta años ni condición social, la convivencia sí lo hace. Hay que poner el sentimiento amoroso en su sitio; no atribuirle la responsabilidad total y aceptar que cuando cruzamos longevidad y afecto, la cuestión es más compleja de lo que aparenta.

Una paciente de cincuenta y dos años, separada y con dos hijos mayores, se enamoró de un joven a quien doblaba en años. No juzgo las intenciones del enamorado, pero el hecho de que ella fuera una persona muy adinerada creaba cierta suspicacia en las personas que la rodeaban y especialmente en su familia, que se oponía a la relación. Pese a la protesta enfática de los demás, ella dio rienda suelta a su "noviazgo" y lo hizo abierto y público, sin esconder nada. A diferencia de lo que hacen algunas mujeres famosas y adineradas, que se enrollan con un hombre guapo y joven para disfrutarlo un tiempo (a sabiendas de que muy probablemente no durará toda la vida), mi paciente, que era una romántica empedernida, tomó un rumbo distinto: se enamoró y quiso formar una pareja estable. No buscaba tener una aventura, sino un marido con todas las de la ley. En una sesión, me dijo: "Quiero casarme y no estoy tan vieja para tener hijos"; sus expectativas eran serias y decisivas. Las del hombre eran un poco más cautelosas: "Por ahora no quiero tener hijos y el matrimonio me asusta un poco". Ella comenzó a ayudarlo económicamente, le pagó una maestría en la universidad y le alquiló un departamento, sin sentirse mal por ello. En cierta ocasión, le pregunté cuánto creía que pesaba el dinero en su relación, a lo cual respondió, de manera categórica, que en el amor que ellos sentían no había intereses creados. Sin embargo, unos días después, el futuro consorte le hizo una propuesta indiscreta e incómoda: "Si realmente me quieres, asegúrame una casa y ponla a mi nombre". Y como el amor a veces es quisquilloso, esta solicitud produjo en mi paciente una decepción radical. Consternada y abatida, primero dudó y luego decidió no verlo más, pese a sus sentimientos. Obviamente, no se debe generalizar y pensar que todas las personas que se enganchan con alguien mayor y acaudalado sean malintencionadas o explotadoras, pero que a nadie le quepa duda: los "cazafortunas" abundan y rondan el patrimonio.

Si lo que buscas es una aventura, da lo mismo, pero si lo que quieres es una relación "seria", es mejor que empieces a enfriar un poco los ímpetus y que tus decisiones sean más razonadas y razonables. Recuerda que la brecha inicial de los años se ahonda a medida que transcurre el tiempo, y la diferencia, que es llevadera al comienzo, se hace más pesada a medida que los años van pasando. No digo que no se pueda, sino que es importante prepararse para ello. Por ejemplo, no es lo mismo una diferencia de veintidós años cuando se es relativamente joven (por ejemplo, dieciocho y cuarenta) que a una edad mayor (cincuenta y setenta y dos). Aunque sean numéricamente los mismos veintidós años, las necesidades cambian, las metas se revisan, el impulso se sosiega y la visión del mundo va transformándose. Insisto: no pienso que sea imposible, pero no es fácil cuando uno se proyecta a mediano o largo plazo.

La compenetración psicológica

He conocido relaciones donde la diferencia de edad se reduce psicológicamente debido a la actitud de los enamorados. La persona más joven es mentalmente madura y la que es mayor posee un espíritu juvenil y despierto. En el amor, no sólo se juntan los cuerpos, también lo hacen las mentes, las creencias, las ganas de vivir y las ideologías. Recuerdo una pareja en la que ella tenía treinta y cinco años y él sesenta y cuatro. Eran personas muy especiales a quienes tal diferencia apenas les afectaba. Entre otras cosas, los unía una gran pasión: el arte. Ambos vivían en una casa de campo, él era un escultor sin mucho dinero, y ella, que había sido su alumna, intentaba abrirse espacio en el mundo de la pintura. Vivían entre hierros retorcidos, lienzos y pinceles, rodeados de árboles y unos cuantos animales. En aquel lugar podía sentirse el amor por todas partes, una mezcla de afecto, deseo, inspiración, estética y vocación. Era mucho más que feromonas. A ella podrían haberle presentado al hombre más atractivo y joven de la Tierra, y nada hubiera ocurrido; su corazón estaba sellado y a buen resguardo.

La búsqueda de protección

Queda claro que el gusto por las personas mayores es válido y respetable, ya sea porque se busque algo de sabiduría, sosiego, madurez o experiencia. No obstante, hay casos en que esta inclinación responde a una profunda necesidad de protección. Las personas que han sido abandonadas, que han sufrido privación emocional en la primera infancia o han estado sometidas exageradamente a figuras de autoridad son propensas a establecer relaciones con parejas que cumplen una función de cuidador o cuidadora. Lo que muchos enamorados buscan en las personas de más edad es un guardaespaldas afectivo, alguien más seguro y más fuerte en quien poder confiar para hacerle frente a la vida. Esto no significa que el amor no haga su aparición en algún momento y el contubernio se convierta en una mezcla de afecto y necesidad; pero si existen trazas de malas relaciones emocionales en la infancia, hay que tratarlas. Pregúntate qué buscas: ¿ayuda, amor, las dos cosas? Al final, todos buscamos una base emocional confiable y segura; sin embargo, lo que debes observar es qué puesto ocupa la "seguridad" en tu menú afectivo. Si está en primer lugar, vas mal.

"Necesito contagiarme de la energía de la gente joven"

Muchas personas mayores sueñan con repetir los años mozos. En cualquier momento se les reactivan las hormonas y empiezan a buscar "carne fresca" para contagiarse de sus bríos y furor. He visto pasar por mi consulta los dos extremos del continuo: aquellos que vuelven a renacer gracias a la presencia de una compañía joven y los que se agotan al segundo o tercer encuentro con su flamante pareja, porque los dolores lumbares o la ciática no los dejan. Uno no puede rejuvenecer más allá de lo que manda el organismo, así la mente intente hacer regresiones. La imagen de un viejito o una viejita feliz, sacudiendo la cabeza al compás de unas jóvenes caderas, es una fábula de Hollywood. Cuando mi señora y yo bailamos o cantamos canciones de nuestra época, mis hijas ponen cara de condescendencia y nos dan un golpecito en la espalda. El mensaje que alcanzo a descifrar es: "Tranquilo, papi, si son felices así, háganlo".

Dejarse llevar por la lozanía de los cuerpos juveniles es tentador para la mayoría. Y no sólo hablo de los hombres; pensemos también en aquellas mujeres no tan adolescentes que concurren a los lugares de *strip tease* masculino y enloquecen de la dicha y ponen dinero en los calzoncillos de quienes se retuercen rítmicamente. No obstante, es frenesí de una noche, un momento, un rato de esparcimiento para sacar a pasear la testosterona femenina, y listo. Otra cosa sería convivir con uno de estos personajes, mantener lejos a las admiradoras en turno y darles calmantes de vez en cuando para que sosieguen su ímpetu.

En algún momento de mi vida salí con una mujer dieciocho años menor. Yo tenía cuarenta y uno y ella veintitrés. La cuestión empezó bien, hasta que me di cuenta de algo que no quise o no supe manejar, posiblemente debido a mi susceptibilidad entrada en años: cada vez que sonaba una música, en el automóvil, en una tienda o en la calle, ella comenzaba a moverse al ritmo de lo que escuchaba. Sacudía la cabeza al estilo carioca y movía los hombros como bailando mambo. Yo no era tan viejo, pero mientras mis preferencias musicales se concentraban más en la trova cubana, los Beatles o en la balada, ella entraba en éxtasis con el *trance* y la música electrónica. Debo confesarlo, así no sea muy profundo de mi parte: sus contorsiones, gesticulaciones y espasmos sinfónicos me alejaron de ella. Las emociones "fuertes" que a mí me motivaban eran otras y no tenían nada que ver con ir saltando de una discoteca a otra.

Cada edad tiene su "locura" específica, así sea intercambiable a veces. No necesitas estirarte la piel como un tambor y vestirte con ropa de quinceañeros para sentir emociones. Sin dejar de ser tú, podrás encontrar gente que se te parezca. Eso es lo maravilloso de un mundo tan variado y multicultural. He conocido ancianos y ancianas que harían palidecer a más de un hiperactivo y con una alegría y disposición al placer realmente envidiables. Cada pareja crea su microcosmos, su intimidad y su manera particular de sentir y degustar la vida. Ése es el vínculo secreto e irreemplazable de cada enamorado. ¿Quién dijo que se necesita ser joven para generar emociones fuertes?

"Quiero saber si todavía cotizo"

Esta motivación se desprende de un problema más complicado. Podríamos llamarlo el síndrome del actor o la actriz en decadencia. Por ejemplo, muchas personas que fueron famosas convierten la edad de oro en una tragedia, porque se apegan a lo que fueron y ya no son. He conocido a actores y actrices maduros que, sin ser ancianos, se avergonzaban de sus arrugas y se mantenían encerrados mirando videos y fotos del pasado (recordemos a Greta Garbo). Poner la felicidad afuera es entregar el poder personal a los demás y dejar que la aprobación social, los aplausos, la fama o los piropos le den sentido a nuestra vida.

En otros casos, negarse a envejecer y a pasar de moda hace que algunas personas pierdan el sentido de la proporción y la estética y desarrollen actitudes ajenas a su edad, tratando de recuperar la juventud perdida. Te los encuentras en cualquier parte y es como si llevaran un aviso: "Yo me mantengo joven, ¿y tú?". A lo cual yo respondería: "¡Yo no, afortunadamente!". ¿Y cuál es el indicador

que toman para escamotearle años o meses a la madurez o el enve-
jecimiento natural? La conquista, el acto de generar deseo en los
demás. Es verdad que social y médicamente hablando los cincuenta de hoy se parecen a los treinta de antes; sin embargo, también es
cierto que cada edad tiene su encanto, siempre y cuando la aceptemos con naturalidad.

Un paciente de sesenta y cuatro años, que había sido toda su
vida un donjuán, nunca había aceptado su edad verdadera y trataba de suplir sus aventuras de antaño con prostitutas. Prácticamente todos los días pagaba los servicios de una mujer e incluso
llegaba a enamorarse "locamente" de alguna de ellas, lo cual com-
plicaba enormemente su vida: gastaba más dinero del que podía,
se deprimía, se humillaba, en fin, hacía exactamente todo lo que no
debía hacer para estar en paz. Lo que lo motivaba no era el sexo
o una adicción a las prostitutas, sino el intento de revivir el viejo papel de conquistador empedernido: parodiaba la conducta del
seductor y se perdía en el juego, creyendo que era real. El día que
tocó fondo y fue consciente de lo que hacía me dijo: "Soy un iluso;
lo único que he logrado es ser una caricatura de lo que fui".

Relaciones imberbes

¿Qué podemos decir de aquellas relaciones de pareja donde los
enamorados son casi unos niños y se han ido a vivir juntos? Me refiero a los matrimonios imberbes, patrocinados o no por los padres.
Ya dijimos que el amor no tiene edad, pero a veces hay que ponerle pañales. Si apenas puedo con mi vida, ¿cómo podré congeniar
con otra? He atendido a muchos jóvenes, casi adolescentes, que
intentaban llevar una vida de pareja adulta imposible. Mi conclusión no es optimista: la mayoría de estas relaciones no funcionan

o requieren mucha ayuda profesional para salir adelante. Hay un tiempo cronológico y mental para sentar cabeza y otro para volar sin freno y, por eso, crear "madurez" o "juventud" en el consultorio es imposible. Hay épocas influidas por determinados mandatos sociales, ciclos vitales y variaciones hormonales que nos empujan a actuar de tal o cual manera que no podemos desconocer. No quiero decir con esto que no existan matrimonios entre gente muy joven que vivan bien, pero su porcentaje de éxito es bastante baja. Algunos progenitores corren a casar a su joven hija porque quedó embarazada, sin darse cuenta de que es preferible una madre soltera bien constituida que una madre mal casada y ansiosa; más aún, estar casado no es una virtud a la cual hay que acceder a cualquier costo. El matrimonio requiere una decisión pensada y analizada con el corazón palpitante y la cabeza fría: no es un juego de niños.

Cada cosa a su tiempo.
Argumentos para poner la edad en su sitio

1 | Piensa bien qué quieres

Si te has enamorado de alguien que por su edad podría ser tu hijo, piensa bien qué es lo que quieres: ¿aventura o estabilidad afectiva? Sabes que con los años la diferencia cronológica se hará más marcada y necesitarás una pareja comprometida y que te ame de verdad. Piénsalo: ¿estás en condiciones de no sentir celos, miedo al abandono o al rechazo a medida que los años pasen? Insisto: si tu meta es divertirte, ¡pues hazlo! Pero si lo que quieres es establecer una relación a futuro, repasa bien los hechos. El primer factor que debes tener en cuenta es que tu pareja sea confiable; que no confunda admiración o deseo con amor, que siempre andan pegados. El segundo factor tiene que ver con la seguridad en ti mismo, en tu autoestima, en ser capaz de pasarle por encima a las arrugas y los achaques, y amar tranquilamente.

Todo lo anterior vale también para la persona más joven que se enamora de quien podría ser su madre o su padre (en algunos casos el abuelo o la abuela). ¿Podrás manejar la diferencia en intereses, gustos y demás? No pienses en lo que sientes ahora, porque el enamoramiento te hará ver todo color de rosa. Adelántate un poco e imagínate dentro de veinte años. Haz el ejercicio muchas veces, antes de tomar una decisión. ¿Por qué con "cabeza fría"? Porque el corazón puede llevarte a cualquier parte y con quien sea. Todo depende de cuáles son tus objetivos y la visión del mundo que manejas. Mientras no te inventes un cuento de hadas, habrá opciones.

2 | ¿Me bajo o te subes?

Cuando existe una diferencia de edad importante entre los enamorados, la aproximación debe ser de ambas partes: acercarnos psicológica y afectivamente al otro, sin afectar nuestra esencia. El acoplamiento no sólo debe ser horizontal, sino también vertical, para encontrarse a mitad de camino: tus gustos, mis gustos y nuestros gustos. Esta "movilidad" hacia arriba o hacia abajo garantiza que ninguno se convierta en un polo fijo e inmutable alrededor del cual el otro deba girar.

Recuerdo a una paciente que se había casado con un hombre muy mayor porque lo amaba sinceramente. Cuando la vi después de casi dos años de casada, quedé impresionado. Su mirada era triste y su figura había cambiado, estaba más encorvada y literalmente había envejecido unos diez años. Se vestía como una señora muy mayor para su edad, no utilizaba casi maquillaje y su pelo dejaba traslucir algunas canas prematuras. La mujer vital y alegre que había conocido antes había sufrido una transformación dramática. Le pregunté si era consciente de su cambio, a lo cual respondió: "Por eso vine a la consulta. No estoy llevando bien mi relación. A los pocos meses de casada, comencé a pensar que si yo no cambiaba y me volvía más 'señora', él se sentiría viejo a mi lado... No sé qué pasó, pero se ha vuelto una obsesión". Envejecer por amor: una nueva forma de sacrificio que no aparece en la literatura sobre el tema. Envejecer por fuera y por dentro, acortar caminos por el sendero equivocado. Ella había acelerado el paso por la escalera de los años y él no había bajado un solo peldaño. En otro momento, me dijo: "Hace poco me reuní con unas amigas y ¡las vi tan jóvenes!". Su problemática mostraba una dinámica opuesta a la que suele aparecer en estos casos: la persona damnificada de la pareja no era la mayor, sino la más joven. En unas cuantas sesiones, el hombre entendió lo que pasaba y, de común acuerdo con ella, empezaron a trabajar para encontrarse a mitad de camino.

La bella canción "El extranjero", de Georges Moustaki, insinúa la idea de bajar algunos escalones e incluso propone detener el tiempo si fuera necesario:

> Es con mi facha de extranjero,
> judío errante y pastor griego,
> con mis cabellos al azar,
> que vengo a ti, mi dulce amiga,
> gran manantial en mi fatiga,
> tus veinte años a buscar.

Y yo seré, si lo deseas,
príncipe azul con tus ideas,
igual que tú puedo soñar.
Y detener cada momento,
parar el sol, parar el viento,
vivir aquí la eternidad.

Así contigo he de lograr
vivir aquí la eternidad.
Igual que tú yo sé soñar.

3 | La presión social y el qué dirán

Por alguna extraña razón, a la gente no le agradan las "parejas disparejas" que se llevan muchos años. Por ejemplo, en Estados Unidos, 65% de las mujeres no está de acuerdo con que las veteranas se enganchen con hombres muy jóvenes. De igual manera, si un hombre mayor sale con una jovencita, es probable que el calificativo de "viejo rabo verde" no tarde en llegar (obviamente, me refiero a jovencitos que son mayores de edad).

Lo importante es no dejarse afectar por el qué dirán. Recuerdo a un amigo que salía con una muchacha mucho más joven; la diferencia de edad se hacía evidente y él debía enfrentar con bastante frecuencia momentos "incómodos". El más común tenía que ver con el parentesco asumido cuando alguien le decía: "Lo felicito, muy linda su *hija*". Mi amigo, que no se dejaba impresionar por las opiniones ajenas, solía responder con una sonrisa maliciosa: "No es mi hija, es mi mujer; ¿no le parezco muy afortunado?". Sin embargo, un paciente, en una situación similar, lo que hacía era "ofenderse", exigir respeto y pelear. La mujer lloraba, él se veía como un viejo gruñón y todo perdía su encanto. La irracionalidad de su comportamiento era evidente: ¿por qué debían saber los otros que no era su hija, si en realidad parecía serlo? La indignación sobraba y el escándalo también. Lo único que lograba con tal actitud era confirmar que no se sentía seguro con su flamante y bella esposa.

El humor, sin duda y como siempre, ayuda a no tomarse muy en serio la opinión de los demás. Recuerdo la actitud de un muchacho de unos veintitantos años que salía con una mujer de cincuenta y dos. Cada vez que estaba con ella y alguien le insinuaba que "su madre era muy hermosa", él se chupaba el dedo pulgar, adoptaba la posición fetal y le agarraba los senos. La gente salía despavorida y ambos se morían de la risa.

La cuestión cambia cuando la relación va más en serio y hay que enfrentar a la familia, ya sea por motivos económicos o simplemente debido a que la relación no encaja en sus esquemas. Los argumentos suelen ser los mismos de siempre y relacionados con un posible parentesco inexistente: "¡Podrías ser su padre!", "¡Podrías ser su madre!", "¡Podrías ser su hija!" o "¡Podrías ser su hijo!". ¿Qué responder a esto? La verdad: "¡Pues no lo soy!". Por lo general, la familia saca a relucir una cantidad de inconvenientes y consejos de todo tipo, que si provienen de quienes no tienen intereses creados, no está de más tenerlos en cuenta. Al final, el último juez de tu propia conducta serás tú.

4 | Yo estoy que llego y tú estás que te vas

Lo he visto en mis consultas infinidad de veces. Dos energías dispares y encontradas. Él se cansa rápido y ella es insaciable: los cincuenta no son iguales a los treinta y pico. O viceversa: él es feliz comprando ropa y luciendo su cuerpo escultural y ella lo acompaña de compras, hasta donde puede y quiere: los cuarenta no son igual a los sesenta y pico. Ni qué hablar de las metas existenciales. Uno de los dos quiere estudiar una nueva carrera y el otro está que se jubila. Ella monta en bicicleta, hace aeróbicos y levanta pesas; él juega al golf, a duras penas. El joven marido quiere que hagan inversiones arriesgadas, mientras que ella quiere ahorrar todo debajo del colchón. La discrepancia en los ciclos se hace evidente en las necesidades y la intensidad con la que se persiguen los objetivos de vida. No es una ley general; habrá excepciones y muchos superan las diferencias, pero existen. Repito: amar es una cosa, y convivir otra muy distinta; amor de alma y amor de convivencia. Si tienes sueños jóvenes que realizar y tu pareja lo que quiere es dormir la siesta, revisa toda la relación. Sacúdela y ponte firme, no vaya a ser que se te contagien los bostezos.

5 | ¿Estás listo para lo que viene?

Tal como vimos, una marcada diferencia de edad entre los miembros de la pareja genera algunas particularidades que es bueno tener presente y estar preparado para que los imponderables no te tomen por sorpresa.

Sólo por citar algunos:

- Las altas probabilidades de enviudar a una edad no muy avanzada. Si tu pareja te lleva veinte años o más, y especialmente si eres mujer (ellas viven en promedio más que ellos), la posibilidad de que enviudes es mucho más alta que la de tu pareja.
- Cuidar al otro más de lo que te cuiden a ti. No es por desamor ni egoísmo, pero es probable que el soporte emocional y físico quede en manos de la persona más joven de la pareja, lo cual entraña una capacidad de entrega especial y una gran responsabilidad. No hablo tanto de cuidar a un anciano o una anciana enferma, lo cual no debe descartarse, sino de seguir allí, con el mismo amor, aunque no haya reciprocidad en algunas cuestiones.
- La sanción social y/o moral de la gente, amigos y familiares. Tanto va el cántaro al agua hasta que se rompe, dice el refrán, y algunos ceden a las imposiciones de la normatividad vigente, a costa del amor.
- Desajuste en las actividades, metas o aficiones. Quizás ella, que es mayor, quiera descansar, y él, más joven, sienta que apenas está empezando la juerga. La playa por la mañana o por la tarde, salir a almorzar más que comer. La contienda generacional puede acabar con el amor.
- Celos e inseguridad a medida que avanzan los años. Esto se ve tanto en hombres como en mujeres mayores. Unos y otros pueden llegar a sentir que la "competencia" aumenta y deben mantenerse jóvenes a cualquier costo. Ahí es donde entran los cirujanos plásticos y los psiquiatras.

Ten en cuenta que si en cualquier relación de pareja hay que prepararse económica, psicológica y emocionalmente para hacerla funcionar con más razón debe hacerse en aquellas donde la diferencia de edad es significativa.

ALGUNAS SEPARACIONES SON INSTRUCTIVAS: TE ENSEÑAN LO QUE NO QUIERES SABER DEL AMOR

Precisamente, cuando dos personas están bajo la influencia de la más violenta, loca, falsa y pasajera de las pasiones, es cuando se ven obligadas a prometer que se mantendrán en ese estado de excitación inusual y agotadora hasta que la muerte los separe.

GEORGE BERNARD SHAW

Es un gran pecado jurar un pecado; pero es más grande mantener un mal juramento.

WILLIAM SHAKESPEARE

La paradoja que enfrento en mi consulta es que la mitad de mis pacientes no ven la hora de separarse y la otra mitad no ven la hora de casarse. Parecería que el matrimonio o la vida en pareja, a pesar de los nuevos valores de la posmodernidad, siguen siendo una aspiración de muchos: no estamos hechos para la soledad afectiva. Los biólogos evolucionistas dicen que el instinto de procreación nos impulsa a buscar pareja; sin embargo, nadie puede negar que construir una familia es una de las experiencias más reconfortantes desde el punto de vista psicológico y espiritual: el problema es saber con quién emprendemos la tarea, cómo elegimos compañero o compañera. Si suponemos que la vida es más llevadera entre dos, el otro no puede ser una carga. El amor de pareja saludable es liviano; no hay que arrastrarlo, no es una cruz ni una tortura socialmente aceptada; el buen matrimonio no está hecho a base de sangre, sudor y lágrimas, como todavía piensan ciertas personas. En una relación sufriente y agotadora, sin perspectivas de mejoría, "adaptarse" es peligroso, además de irracional. *No hay que padecer a la persona amada, sino disfrutarla.*

La sabiduría del "no"

Algunos separados, más allá del malestar que esto conlleva, adquieren lo que podría llamarse la *sabiduría del "no"*: es posible que no posean una absoluta claridad sobre lo que esperan y quieren del amor, pero sí sobre lo que *no quieren* y *no estarían dispuestos a tolerar* por segunda vez. Después de un tiempo, cuando la vivencia del "no más" se instala y se hace consciente, funciona como un antivirus.

¿Qué no quisieras repetir en una próxima relación? Por ejemplo: *no quiero* vivir en abstinencia sexual; *no quiero* a una persona extremadamente ahorrativa; *no quiero* a una pareja celosa que me quite libertad; *no quiero* que me irrespeten; *no quiero* a alguien poco cariñoso; *no quiero* que se olviden de mi cumpleaños; *no quiero* que mi pareja sea aburrida; *no quiero* que me sea infiel; en fin: tus "no quiero", ordenados y sistematizados de mayor a menor, lo que no sería negociable, lo que no estarías en capacidad de soportar nuevamente. Un mal matrimonio o una mala relación sacan a flote nuestras sensibilidades más profundas que, probablemente, antes de sufrirlas no sabíamos que existían. Aprende de las experiencias anteriores. Que tu próxima "elección afectiva" sea sustentada y pensada: amar no es volverse bobalicón (así en la etapa de enamoramiento se nos baje por unos meses el cociente intelectual). Los que se equivocan por segunda o tercera vez lo hacen porque no han decantando ni incorporado los "no quiero" correspondientes de los primeros intentos.

¿Por qué nos equivocamos tanto en el amor?

Es un hecho que la mayoría de las personas elegimos pareja exclusivamente con el corazón y no consideramos de manera racional otros aspectos que podrían ser fundamentales para la convivencia diaria. Los enamorados que conocen o intuyen el lado oscuro del otro se animan a sí mismos diciendo que el amor los ayudará a salir victoriosos.

Decimos y hacemos muchas estupideces en nombre del amor: nos dejamos estafar, persistimos en relaciones donde el otro no nos ama, soportamos el maltrato, renunciamos a la vocación, matamos y nos suicidamos, sacrificamos nuestra libertad, negamos nuestros valores, en fin, el tan alabado amor muchas veces se nos escapa de las manos y nos conduce a un callejón sin salida. Es evidente que, en una vida de relación, el sentimiento no lo suple todo. "Con el amor no basta", dicen los expertos, y tienen razón. Deberíamos elegir pareja de una manera más "razonada" y menos visceral: "Te deseo, me agradan muchas de tus cosas, pero todavía no sé si *le vienes bien a mi vida*, así mi cuerpo y mi ser me impulsen desordenadamente hacia ti". Lo siento por los fanáticos del enamoramiento, pero el amor, para los que nos movemos en un plano terrenal y no hemos trascendido, no suele ser tan incondicional (el número de desertores en el tema es cada día mayor) ni mueve montañas: más bien te aplasta, si te descuidas y no lo sabes manejar.

Antes de arriesgarte ciegamente, pon el entusiasmo entre paréntesis por un rato (es posible bajar la hipomanía o el enamoramiento por unos instantes, si uno realmente quiere hacerlo) y conéctate a un sistema de procesamiento más controlado (no me refiero a que dejes de amar, sino a que intentes una relajación *voluntaria*). Una vez que hayas descendido de la estratosfera, empieza a considerar ventajas y desventajas, pros y contras, y tus expectativas más entrañables; trata de pensar de la cintura hacia arriba y no de la cintura para abajo. Hazlo como un ejercicio, una disciplina: quédate en la realidad concreta, tratando de ver las cosas como son. Si repites esta práctica de conectarte y desconectarte con la emoción,

MANUAL PARA NO MORIR DE AMOR

irás forjando una nueva habilidad que te servirá en el futuro: serás capaz de integrar razón y emoción y discernir cuándo sobra una o falta la otra.

Los tres pilares de las buenas relaciones afectivas

Según la mayoría de los tratados sobre el amor conyugal, para tener una buena relación de pareja se necesita de un cúmulo de "virtudes" de las que no todos disponemos. Algunas de estas cualidades, consideradas imprescindibles, son: compromiso, sensibilidad, generosidad, consideración, lealtad, responsabilidad, confiabilidad, cooperación, adaptación, reconocer errores, perdonar, solidaridad, altruismo, y la lista sigue. ¡Qué cantidad de cosas! Si alguien hubiera incorporado a su ser todos estos valores estaría próximo a la santidad y no necesitaría pareja. La realidad nos muestra que la gran mayoría de nosotros estamos muy lejos de ese nivel de excelencia y cuando iniciamos una relación afectiva lo hacemos con toda nuestra defectuosa humanidad a cuestas. No te enamoras de un "pedazo" de la persona, no puedes fragmentarla a tu gusto ni ignorar sus vicios y carencias, porque tarde o temprano harán su aparición: te relacionarás con *todo* lo que es el otro, con lo bueno, lo malo y lo feo. Es claro, entonces, que el conocimiento real de la pareja debería ser antes y no después del matrimonio. También es importante conocer al míster Hyde.

Desde una perspectiva menos angelical y aterrizada, podríamos decir que una buena relación (de carne y hueso) requiere, al menos, tres factores funcionando a la vez. Si te falta alguno de ellos, tu relación va cuesta abajo. Analízalos y llega a tus propias conclusiones.

Deseo/atracción

Eros, listo y dispuesto. En una relación de pareja, debe haber química, ganas por el otro (si tienes que persignarte cada vez que haces el amor y tomar valor, estás con la persona equivocada). La pareja como tu postre preferido: cuando lo comes, se te sacia el antojo, pero al otro día, la apetencia renace con igual ímpetu; el organismo pide más y el placer se renueva.

Las parejas que funcionan bien se devoran amorosamente entre sí y hacen del erotismo un juego grato y simpático. Fantasías consensuadas y bien administradas, imaginación en equipo: yo te hago, tú me haces, nosotros nos hacemos. Si *eros* está presente, la candela estará siempre encendida; bastará una chispa para que se dispare el fogonazo. ¿Y si *eros* se va apagando sin causa evidente? Hay que intervenir en forma rápida, porque una vez extinguido, recuperarlo es prácticamente imposible. Las parejas víctimas de la rutina van cambiando el arrebato inicial, alegre y energético, por una sexualidad mecánica y casi siempre insulsa, que deja mal herido a *eros*: si no hay sorpresa ni algo de locura, el sexo se hace predecible, aburrido y, a veces, grotesco.

Si la dinámica es como sigue o se le parece, pide ayuda urgente: Él: "¿Tienes ganas?". Ella: "Pues, lo que se dice ganas... Además estoy resfriada... Pero si no te aguantas, hagámoslo". Se desnudan, él se desahoga y ella aguanta: misión cumplida, y a otra cosa. ¡Eso no es *eros*! Falta la coquetería, el exhibicionismo, la avidez, aullar un poco, el juego de roles, los aditamentos, en fin: que lo carnal nunca suplante lo sensual. Suplicar por sexo es indigno; hacerlo con desgano, deprimente.

Amistad

¿Por qué nos sentimos tan bien con los amigos? ¿Qué mantiene esa alegría compartida? Cuando estamos con ellos, queremos contar cosas y escuchar. ¿Qué hay allí? *Complicidad y una mezcla encantadora de humor/sintonía.* Hay cierta honestidad implícita, cierta lealtad que facilita la comunicación y la hace más fluida. Podríamos decir, siguiendo a Montaigne, que los verdaderos amigos son como una extensión de uno: "La propia alma en cuerpo ajeno".

La pregunta que surge y que genera polémica es la siguiente: ¿podemos ser amigos o amigas de nuestra pareja? En contra de lo que sostienen algunos pensadores, yo creo que sí, y no sólo lo creo, sino que lo considero imprescindible. Con la "pareja amiga" no tienes que explicar el chiste, la risa llega antes de que termines el cuento, el humor es tácito y compartido: no sólo haces el amor, también haces la amistad. El mito nos enseña que las personas opuestas se atraen, y no es verdad. Cuando los desencuentros son más que los encuentros, y te ves obligado a sustentar y defender tus puntos de vista como si estuvieras en un estrado judicial, estás con la persona que no es. Hay incompatibilidades que no son fáciles de llevar y cuya presencia, muy posiblemente, afectará la amistad en la pareja. Por ejemplo: la ideología, los proyectos personales, la religión, las posiciones éticas, la actitud frente a la vida y otras cuestiones vitales que reflejan visiones del mundo encontradas.

Si existe un acuerdo sobre lo fundamental, te indignarán las mismas cosas. Habrá cierta paz en el ambiente. Tener sexo con el mejor amigo es estar muy cerca del amor. Falta algo más: el *ágape*.

Ternura/entrega (*ágape*)

La ternura es lo opuesto de la violencia, implica el cuidado amoroso de quien te necesita: la dulzura actúa como un sistema defensivo contra la agresión y el irrespeto. Hay ocasiones en que, por carencia o fatalidad, tu pareja pasa a un primer plano y tu "yo" da un paso atrás. En esos momentos, la democracia se rompe, no por la fuerza de un amor impositivo, sino por el desequilibro que genera la compasión frente al sufrimiento de la persona amada; doy más de lo que recibo. Cuando amamos de verdad, preferimos sufrir nosotros que ver sufrir al ser amado; ocuparíamos su lugar gustosos si pudiéramos hacerlo. Ser para uno y ser para el otro, tener las dos opciones disponibles para actuar según lo demande el caso.

"Te amo, pero vivo mejor sin ti"

Un hombre joven que sufría de depresiones llegó a mi consulta y expresó así su malestar: "Estoy casado con una mujer muy difícil... Me es infiel hace mucho tiempo y no quiere tener sexo conmigo. Cada vez que puede, me dice que soy un fracasado, me considera un inútil y se burla de mi físico. Tenemos un hijo y prácticamente yo soy el que lo cría, porque ella nunca está en la casa. Odia a mi familia y a mis amigos. Vivo triste y amargado [*llanto*]... A veces quiero quitarme la vida". Llevaba cinco años en esta mezcla de tragedia e indignidad, y aunque sobrevivía a base de medicamentos y ayuda psicológica, no era capaz de tomar la decisión de dejarla. Cuando le pregunté por qué seguía con ella, su repuesta me dejó de una pieza: "La amo". Es difícil entender cómo el desamor se resiste tanto en situaciones como éstas: *si mi paciente hubiera dejado de amarla, la tortura no habría durado tanto*. Sin embargo, se sentía atado por un sentimiento que seguía vivo como el primer día. Más allá de sus motivaciones psicológicas y las explicaciones clínicas, quiero señalar que el mismo "argumento afectivo" de persistencia ("La amo" o "Lo amo") mantiene atrapadas en relaciones enfermizas a millones de personas. Se ha vendido tanto la idea de que el principal motivo de la unión conyugal es el amor, que su sola presencia justifica cualquier cosa.

A una mujer mayor, que vivía infeliz y doblegada en su matrimonio, le pregunté qué esperaba para separarse, y respondió: "Que usted me ayude a no quererlo más". Le expliqué que nadie deja de amar a voluntad: no puedes desenamorarte "deseando desenamorarte". El mecanismo no funciona de este modo, aunque sí es posible racionalizar el sentimiento, enfriarlo un poco e intentar tenerlo bajo control. Con entrenamiento y algo de estoicismo, podemos conseguir que la emoción no apabulle a la razón. De todas maneras, afirmar que el amor justifica el tormento de una mala convivencia es incomprensible.

Propiciar una ruptura con la persona que te hace sufrir, así la ames, implica cambiar un sufrimiento continuado e inútil por un dolor más inteligente, que se absorbe gracias a la elaboración del duelo: "Te amo, pero te dejo. Y lo hago no porque no te quiera, sino porque no me convienes, porque no le vienes bien a mi vida". Cambiar de carril, cambiar un dolor interminable y sostenido por otro de feliz desenlace, aunque el amor insista, te empuje y te idiotice. Podríamos afirmar que algunas separaciones funcionan como una cura por desintoxicación; lo que más duele es el síndrome de abstinencia: el pico donde la máxima necesidad se enfrenta a la máxima carencia. Pero a partir de allí, una vez superado el clímax de la angustia, el organismo empieza recuperarse poco a poco. La máxima es como sigue: *si no vives en paz, amar no es suficiente*. Y ésa es la razón por la cual habría que notificar algunas separaciones al público en general y hacer una fiesta de celebración.

Es tu decisión

En la mayoría de las culturas existe una curiosa contradicción en lo que respecta a las relaciones que se establecen entre amor y matrimonio: de un lado, se recomienda a los cuatro vientos (casi es una exigencia) que el vínculo sea por amor y, por el otro, no se acepte el desamor como una causa válida de divorcio. No se entiende por qué si el amor nos une, el desamor no pueda desunirnos. Se dirá que hay otras cuestiones por las cuales luchar (compromisos, hijos, valores religiosos), y quizá sea cierto en algunos contextos, pero me pregunto qué sentido tienen esos "compromisos" si se carece de la energía principal que los mantiene vivos. ¿Los matrimonios por conveniencia? No son por amor, y todo queda claro desde el principio.

¿Qué opinas de esta declaración fervientemente amorosa y esotérica?: "Prometo amarte de aquí a la eternidad, en todos los planos astrales, en todas las dimensiones existentes y en cada vida que reencarne", manifestó un hombre enamorado de una mujer menor, que temblaba de placer al oír semejante exabrupto. ¿Qué juraba el hombre? ¿Cómo estaba tan seguro de que nadie más tocaría su corazón? Además, ¿cómo tener la certeza de que lo que hoy me agrada de él o ella dentro de veinte años no se vuelva insufrible? Podría intentarlo seriamente, como un héroe, pero no asegurarlo. La gente cambia, al igual que sus gustos y su motivación. Garantizar que uno jamás se enamorará de alguien más resulta demasiado presuntuoso para tomarlo en serio. Insisto: podemos activar un sistema de resistencia psicológica para defendernos de otros amores, pero jurar amor eterno es demasiado. Los compromisos deben hacerse sobre cuestiones que dependen de uno: "Intentaré ser fiel, seré respetuoso, no sacaré ventajas ni te explotaré, seré honesto y sincero", en fin, actitudes de las que sí puedo hacerme cargo. Si el desamor no es motivo de separación, y el compromiso debe avalar una relación

MANUAL PARA NO MORIR DE AMOR

más allá de toda duda y sin atenuantes, tal como lo plantean algunas subculturas y grupos sociales, contraer nupcias es un camino
sin retorno. ¡Prohibido desenamorarse, prohibido retractarse! Nada
que hacer. No conozco a nadie a quien le hayan "anulado" el matrimonio por desamor, aburrimiento o tedio crónico.

La decisión de seguir o no con tu pareja es exclusivamente
tuya: no entregues el poder a otra persona para que decida por ti.
Tú eres el único que sabe cómo es realmente tu relación y cuánto
te afecta.

La presión familiar

Cuando decidas separarte, sentirás el peso de los valores tradicio-
nales, las premisas religiosas y posiblemente un duro señalamien-
to de parte de tu familia. Esta crítica externa a la libertad afectiva
hace que mucha gente permanezca atrapada en relaciones imposibles de sobrellevar, simplemente porque creen que están haciendo lo correcto. No estoy haciendo una apología de la separación,
pero nadie tiene el "deber" de ser infeliz: es la filosofía del martirio
como virtud, que aún existe y deja secuelas.

En cierta ocasión, presencié lo que podría llamarse una "in-
solidaridad de género" entre una paciente que quería divorciarse y
su madre que hacía todo lo posible para desalentarla. Veamos parte
del diálogo que sostuvieron:

PACIENTE: [*Entre lágrimas, suplicante*] ¡Pero, mamá, ya te dije que no
lo amo, ya no lo amo!
MADRE: [*En tono amable, pero firme*] El amor va y vuelve.
PACIENTE: ¿Y si no vuelve? El doctor me dijo que no veía opciones...
¡Además me engaña con su prima! ¡Tiene una amante!

MADRE: ¿Y eso qué importa? Con seguridad, se le pasará... Ya sabes la historia de tu padre, los hombres son así... Pero tú eres la esposa legal, la madre de sus hijos... Debes guardar tu puesto.

PACIENTE: ¡No me ama! ¿Entiendes? ¡Me lo ha dicho en la cara, dice que no me soporta, que se quiere ir!

MADRE: No se irá.

PACIENTE: ¡No tenemos sexo hace seis meses! ¿Eso tampoco importa?

MADRE: No te casaste para eso.

Mi paciente, debido a una historia previa de carencia afectiva, buscaba el visto bueno de su madre, lo cual era imposible de lograr porque la señora se mantenía en una posición dominante y cerrada y no parecía importarle mucho el bienestar de su hija. Después de mucho estira y afloja, mi paciente logró vencer los antiguos esquemas de dependencia y comprendió que no debía pedir permiso ni convencer a nadie para tomar sus decisiones vitales. Finalmente, se separó y la madre la "perdonó" después de un año.

La "fobia al amor" y las malas separaciones

La siguiente frase de Stendhal siempre me ha impactado por su belleza y realismo: "El amor es una bellísima flor, pero hay que tener el valor de ir a buscarla al borde de un precipicio". Amor de valientes. El amor se suda y se lucha, se fabrica y se construye en el día a día. Por lo tanto, si eres de aquellas personas melindrosas y ultrarrománticas tendrás una resistencia mínima a los embates amorosos. Entre el calvario de los que creen que el amor está hecho para sufrir y la ingenuidad de los crédulos afectivos, se encuentra el amor realista. El amor de pareja no es color de rosa, por

MANUAL PARA NO MORIR DE AMOR

más que quieran pintarlo así: hay momentos buenos y malos que habrá que aprender a superar. Si los comportamientos y las actitudes negativas sobrepasan la raya roja, tienes que irte; si se mantienen dentro de lo aceptable y están patrocinados por un amor sólido sigues adelante. El amor crece y se desarrolla.

Hay personas que se curten de la experiencia amorosa y aprenden a regular algunos aspectos del amor sin traumatizarse, y hay otras a quienes el dolor del pasado les produce un condicionamiento de aversión que las inmoviliza e impide tener relaciones satisfactorias por miedo a sufrir. La idea que se esconde detrás de esta evitación generalizada es: "Si fracasé una vez, volveré a hacerlo" o "¡Ya sufrí demasiadas veces por amor, así que no quiero saber nada de la posibilidad de enamorarme!". Cansancio, hipersensibilidad y mecanismos de defensa, todos obrando a la vez.

En ocasiones, estas personas suelen asumir una falsa autonomía. Aparentemente, están más allá del bien y del mal y disfrutando de una maravillosa independencia, cuando, en realidad, la soledad en la que se encuentran es una coraza protectora. Amorofobia: fobia al amor. Individuos que se mueren de las ganas de amar y ser amados, pero a la vez entran en pánico con la sola idea de volver a relacionarse afectivamente, porque temen equivocarse. Malas relaciones y/o malas separaciones: es tan importante saber elegir como saber cerrar adecuadamente un vínculo.

"No me he separado porque no quiero hacerles daño a mis hijos"

¿Está justificado el sacrificio? Lo dudo. Estar metidos en un huracán de peleas y discusiones o en la simpleza de una relación donde no existe la mínima expresión de afecto no es bueno para el crecimiento psicoafectivo de los hijos; ni qué hablar de la violencia física. Tenemos que tener presente que los niños *hacen más lo que ven hacer que lo que se les dice que hagan*. Son esponjas de información y, para colmo, nos imitan. Es evidente que los hijos sufren con la separación de los padres, pero lo que más les afecta es la actitud que asuman sus progenitores antes, durante y después de terminar la relación.

Una separación consensuada, sin odios y en términos pacíficos disminuirá el impacto negativo. Para los niños y no tan niños, es mejor el dolor de un divorcio inteligente que la tortura diaria de una mala convivencia. Cada mirada de odio que le echas a tu pareja es observada por tus hijos, procesada y guardada en la memoria; cada actitud de rechazo o de frialdad es incorporada en la base de datos de sus mentes en formación. No puedes disimular el desamor y la discordia y actuar como si nada pasara. Se nota, te sale por los poros. El desamor crea un clima tenso que se siente en lo más íntimo.

Hay que hacer un balance, tener claro si tu relación tiene opciones o si los que saben (psicólogos, terapeutas de pareja, consejeros matrimoniales) opinan que ya no hay nada que hacer. ¿Crees que tus hijos no perciben tu tristeza? Malas noticias: la depresión es contagiosa. El ambiente emocional de los malos matrimonios se puede cortar con un cuchillo. Yo tengo amigos mal emparejados y luego de estar en sus casas salgo agotado de hacer fuerza, de sufrir vicariamente. Cuando les pregunto por qué siguen juntos, la respuesta suele ser la misma: "Por los niños". Obviamente, cualquier niño desearía que sus padres fueran capaces de quererse y vivir juntos de buena manera; léase bien: *de buena manera*. He tenido pacientes de diez y once años que me piden en las sesiones que ayude a sus padres a separarse porque el trato entre ellos se ha vuelto insoportable. Una niñita de doce años me decía: "Prefiero tener dos casas tranquilas que una en guerra".

MANUAL PARA NO MORIR DE AMOR

El "sacrificio" de seguir en un pésimo matrimonio "por nuestros hijos" a veces es criticado por los mismos hijos. Recuerdo el caso de una mujer que prefirió mantenerse junto a un hombre infiel y violento a separarse para que sus niños "no perdieran al padre". En una sesión de terapia, su hija mayor, una adolescente que tenía problemas de relaciones interpersonales, le dijo: "Lo que no te perdono, mamá, es que hayas sido tan cobarde y no te hayas separado de papá. Me hubiera gustado tener una madre valiente, echada para adelante, que no se dejara maltratar ni engañar por un hombre así. Yo te quiero muchísimo, pero no te respeto". Un golpe mortal para cualquier padre o madre y, en especial, para esta mujer que se sentía casi orgullosa de haber aguantado a su esposo por amor a sus hijos. Su respuesta mostró una dolorosa toma de conciencia: "Estaba esperando a que crecieran... Quizá fue un error". En otros casos, los hijos son utilizados como una excusa o una pantalla para sobrellevar una dependencia afectiva altamente perjudicial para toda la familia.

Lo único que quieren nuestros hijos es vernos contentos y realizados o, por lo menos, bien encaminados. Ellos cargan con nuestro dolor o se contagian de nuestra angustia. No niego que las malas separaciones sean desastrosas, cualquiera sabe esto, pero como ya dije antes: una buena separación es preferible a un mal matrimonio. Cuando hay niños de por medio, la ayuda profesional es imprescindible, ya sea para volver a intentarlo o para finiquitar adecuadamente la cuestión.

Cómo hacer de la separación un motivo de aprendizaje

Ya hemos dicho que por más dolorosa que sea una ruptura afectiva puedes sacar provecho psicológico de ella. Tomar los aspectos positivos de la experiencia, revisar los errores cometidos y tratar de comprender lo ocurrido son algunas de las tantas maneras de hacer tu inventario personal. Que la reflexión te sirva para crecer y no para hundirte en la culpa, el arrepentimiento o la depresión. La siguiente guía de seis pasos te ayudará a pensar ordenadamente la cuestión.

1 | Ten claro por qué te separaste

Es muy importante que sepas las razones por las cuales tu relación se vino a pique. Aunque parezca extraño, mucha gente no es capaz de explicar por qué se separó, y esa ignorancia respecto a la disolución del vínculo genera incertidumbre y malestar. ¿Cómo resolver algo que desconozco? Entre mis pacientes recién separados es muy común escuchar la frase: "No sé qué pasó... De pronto, todo se derrumbó". Yo les pregunto dónde estaban mientras tanto, porque ninguna relación se acaba "de pronto". ¿Cómo puede ser posible tal desconocimiento, si somos los principales implicados? Las parejas se deterioran más fácilmente si uno se queda de brazos cruzados y lo que hoy parece una queja menor mañana podría convertirse en un problema gigantesco.

¿Por qué se separa la gente? Los motivos son muchos y variados; no obstante y a manera de ejemplo, veamos la siguiente lista:

- Críticas, evaluación negativa y descalificación.
- Aburrimiento, tedio o rutina.
- Insultos, agresión física.
- Infidelidad y/o celos.
- Proyectos de vida discordantes.
- Dificultades sexuales.
- Discrepancias en la educación de los hijos.

- Adicciones de alguno de los miembros de la pareja.
- Malas relaciones familiares.
- Presión y/o dificultades económicas.
- Relaciones inequitativas.
- Vida social incompatible.

¿Te ubicas en alguna de estas posibilidades o en varias? Los motivos no tienen que ser catastróficos o dramáticos; ser infeliz o no ser feliz es suficiente razón para no seguir adelante con una relación, así a la gente no le guste. Haz la prueba, y si alguien te pregunta por qué te separaste, simplemente dile: "Porque no era feliz". Notarás enseguida que no sabrá qué decir y probablemente te responda un escueto: "Claro, claro". La cultura espera algo más trágico, más dramático e irreconciliable (por ejemplo, infidelidad descontrolada, homosexualidades latentes, golpes al por mayor), para que la decisión esté justificada. La causa de tu separación no tiene por qué estar en lo profundo del inconsciente o en algún trauma oscuro y retorcido de la niñez: a veces, sencillamente, no funciona, y el síntoma, lo que se nota e impacta, es que la infelicidad va en aumento.

Si localizas errores de tu parte, asúmelos, sin culpa ni autocastigo: hazte cargo de ellos y, de ser posible, enmiéndalos o no vuelvas a repetirlos en el futuro. Vuélvete un experto de tu propia vida, de cada desenlace, de cada tropiezo y de cada éxito. Sin llegar a la obsesión, examina los momentos relevantes que viviste en pareja, lo que hiciste y dejaste de hacer, lo que te hicieron, las insatisfacciones y las alegrías. Examina todo, no dejes nada al azar. Como ya dije antes: los que actúan mecánicamente y sin conocimiento de causa caen en los mismos errores una y otra vez. La vida les pasa por las narices y no se dan cuenta.

2 | Toma conciencia de todo lo que negociaste y aguantaste en la relación

Este punto quizá sea el más doloroso. Muchas personas, al analizar lo que negociaron y aguantaron, sienten ira contra ellos mismos. La interrogante que les mortifica es: "¿Por qué no reaccioné a tiempo?". Cada quien tiene su ritmo de asimilación y un tiempo para acumular valor. *En el amor, la valentía casi siempre empieza donde termina la esperanza.*

Sin llorar sobre la leche derramada, empieza a tener claro lo que no deberías haber negociado ni soportado. Piensa en tus principios y valores para que te resulte más fácil comprender lo ocurrido. Piensa en las situaciones en las que decías "sí", queriendo decir "no" y entenderás que ciertas cosas no se venden ni se prestan, como, por ejemplo, la dignidad, la libertad o los derechos. Entregarlas es perder tu esencia.

Una vez que tengas la lista de lo que "no deberías haber hecho" simplemente tenla presente, sin torturarte por ello y sin caer en compulsiones inútiles. Encadena los hechos e incorpóralos a tu historia personal. Será el primer aprendizaje vital que surja de tu separación: *habrás descubierto lo que no quieres ni debes aceptar para reafirmarte como ser humano.* Tendrás un reducto, un núcleo duro altamente resistente al amor sumiso.

3 | ¿Qué te impidió poner límites?

En este punto, debes tratar de determinar por qué negociaste lo que no era negociable y aguantaste lo inaguantable: porque dejaste de ser tú. ¿Qué te lo impidió? ¿La culpa, la presión social, el miedo a la soledad, la dependencia, la sumisión, la falta de asertividad, la esperanza? En las relaciones sanas se marcan límites constantemente (es normal hacerlo), y cuando uno se pasa de la raya, el otro le hace caer en la cuenta de que se extralimitó. Pero "el que calla, otorga", así que cada vez que accedías abnegadamente a hacer lo que no deseabas, te convertías en cómplice de tu propio malestar. No estoy avalando una actitud incomprensiva y egocéntrica respecto a lo que piensa y siente la pareja, sino defendiendo un estilo de vida donde la infelicidad no sea la norma. ¿Hablaste cuando tenías que hablar? ¿Dejaste sentada tu protesta o tu inconformismo? Y éste es un segundo aprendizaje importante: *ser asertivo o asertiva, comunicarse y decir lo que nos molesta oportunamente, ayuda a que el amor fluya más fácilmente y no se generen resentimientos.*

4 | Si pudieras ir hacia atrás en el tiempo, sabiendo lo que sabes de tu pareja, ¿repetirías con la misma persona?

Es un buen ensayo imaginario para aterrizar el amor. En mi consulta, veo personas que aunque salen de un pésimo y denigrante matrimonio les agobian las dudas. "La relación era terrible, pero..." Lo que esconde esta frase incompleta son cuestionamientos sobre las propias actuaciones, como por ejemplo: "¿Hice todo lo posible?" o "¿Y si hubiera esperado un poco más?". Estos "peros" generan fuertes sentimientos de culpa e incertidumbre, ya que impiden dar un cierre adecuado a la cuestión.

Si tuvieras una máquina del tiempo, sabiendo lo que sabes hoy de tu ex, ¿repetirías? ¿Volverías a dejarte arrastrar por el amor hacia él o lo despreciarías? Si la respuesta es: "Sí repetiría", busca ayuda profesional urgente (posiblemente tu separación haya sido prematura o no tengas claras las cosas). Si la respuesta es: "No repetiría", entonces, ¿de qué te quejas? ¿Para qué titubeas, si tu mente y tu corazón te dicen que no deberías volver? Quédate en el aquí y el ahora, en lo que es y no en lo que no fue. Tus expectativas no se cumplieron, y ya. La revisión histórica que antes mencionamos está orientada a rescatar conocimientos y experiencias que sirvan para tu crecimiento y no para *añorar lo inexistente*. ¿Añorar lo que no ha ocurrido? Irracional, cuanto menos. Si tu respuesta ha sido que "no repetirías" y ya estás separado o separada, festéjalo: estás fuera, ya eres libre.

5 | *Separación* y *trauma* no son sinónimos

Inconscientemente, podrías estar desempeñando el papel de víctima, cuando no tiene por qué ser así. La lógica indica que salir de una mala relación sería más un motivo de festejo que de amargura, como los que salen de la cárcel o se salvan de una cirugía de alto riesgo. Si el matrimonio en el que estabas era excelente, ¿por qué ocurrió entonces la separación? Quizá no era tan "excelente". Un hombre estaba profundamente compungido porque su mujer lo había dejado por otro. Sesión tras sesión, me hablaba de las virtudes de su exesposa y de lo afortunada que era su nueva pareja por tenerla a su lado. Un día cualquiera, interrumpí sus apasionadas cavilaciones y le dije: "Su exmujer le ha sido infiel por casi tres años, lo echó a la calle sin la menor consideración, lo está demandando por la mitad de su salario y además se niega a dirigirle la palabra... ¿De qué extraordinaria persona me habla usted?". El hombre no pudo ocultar su asombro ante mis palabras (los enamorados creen que todos los demás también deben estarlo) y me preguntó: "¿Ella no le cae bien?". Mi respuesta fue honesta: "Si tuviera un hijo varón, no la querría como nuera". Con el tiempo, mi paciente elaboró su pérdida de manera más realista y sin traumas inventados. Magnificar las cualidades de la expareja en las primeras etapas de una separación es una respuesta paradójica que aparece en muchos casos. A los seis meses, con cabeza más fría, el mismo hombre me decía: "¡No sé cómo pude estar con ella!".

Si la relación que terminaste era regular, mala o muy mala, no llores lo que no vale la pena. Pellízcate: ¡eres libre! Ya no tendrás que estar salvando lo insalvable, ya no tendrás que dar cuenta de lo que piensas, sientes o haces. Aunque la cultura tiene como regla que toda separación es traumática, no siempre es así. Es nuestra actitud la que las vuelve problemáticas. ¿Te separaste porque ya no te quería? ¡Mejor! ¿Para qué seguir con alguien que no te quiere? ¿Te maltrataba? ¿Te era infiel? ¿Eran incompatibles? Todos son motivos válidos. Cuando alguien te mire con lástima debido a tu separación e intente darte el "pésame", no entres en el juego, no dejes que te rotulen ni te cuelguen el cartel de víctima. Las heridas que traigas a cuestas se irán sanando cuando empieces a conectarte con el lado positivo de la vida y conozcas personas que valgan la pena.

6 | Empezar de nuevo

La separación: ¿fracaso o liberación? ¿Tristeza o festejo? Una cosa es segura, independientemente de cómo te sientas: tendrás que empezar de nuevo. Vivir sola o solo, con o sin hijos, reacomodar tu vivienda, organizar los horarios, en fin, separarte implica reestructurar todos tus roles y empezar una vida distinta, con otras exigencias. Entrarás en un proceso de cambio radical, una "crisis", donde deberás reinventarte de pies a cabeza. Sin embargo, esta crisis puede tomarse con beneficio de inventario. Muchos de mis pacientes divorciados van descubriendo un sinnúmero de aspectos positivos de la nueva faceta que deben emprender. No todo es oscuro. Es verdad que empezar de nuevo requiere trabajo y dedicación, pero no serás un principiante: *ya sabes lo que no quieres* y eso te permitirá optimizar tus esfuerzos. Considera este comienzo como si hubieras formateado tu disco duro: crearás una nueva base de datos e instalarás programas más actualizados; un nuevo *software*. Tienes la posibilidad de arrancar de cero, sin tantas creencias irracionales y con una actitud más realista. Serás como un veterano de guerra que, pese a sus heridas, no reniega de la paz y la defiende.

PARA NO MORIR DE AMOR

Detrás de cada principio que has leído y tratado de practicar hay un factor común: la negación explícita a "morir de amor" y a sufrir inútilmente por tu pareja o por la persona que quieres. Cada premisa y cada renglón por los que has pasado se reafirma en un decálogo de resistencia emocional que pretende ir más allá del amor tradicional y rescatar el valor de la vida digna. Sólo es el comienzo. Cada quien debe investigarse a sí mismo y ser un precursor de su propia causa afectiva. El precepto es como sigue: "Merezco ser feliz en el amor, no me resignaré al dolor de una mala relación, no me acostumbraré a tolerar lo que no debe tolerarse". No morir de amor es rechazar cualquier vínculo afectivo que te sujete a una relación enfermiza o limitante.

A diferencia de la muerte física, que es única e irrepetible, en el mundo afectivo podemos morir más de una vez. Podemos agonizar y resucitar, e incluso, en algunos casos, volver a la misma vida, a la misma rutina y con la misma persona. El amor irracional y dañino, el que te quita el aliento y te desploma, es como un karma: tú lo eliges y tú decides estar allí.

No necesitas ser un académico experimentado para construir una ecología afectiva que te permita crecer como persona. Si eres un sobreviviente del amor, mejor aún: tienes todas las credenciales para hacerlo exitosamente. No tropezar dos veces con la misma piedra, dice el refranero popular, y tú sabes cuál es la piedra y cuál es el atajo que debes tomar para esquivarla o, si es el caso, cómo pasarle por encima. Lo sabes porque ya estuviste allí o te lo han contado, lo has leído o lo has visto en otros luchadores del amor.

Niégate a sufrir por amor, declárate en huelga afectiva, haz las paces con la soledad y aquieta la necesidad de "amar por encima de todo y a cualquier costo". Rescata el amor propio, tu primer gran amor a partir del cual se generan los otros: *si no te amas ti mismo, nadie te querrá.* ¿Cómo amar a una máquina de autocastigo? ¿Cómo querer a quien se odia y vive amargado por ser como es? El amor empieza por casa, en la intención imprescindible de querer perseverar en el propio ser, y si el amor que sientes no apunta en la dirección de vivir más y mejor, no te sirve, no le viene bien a tu vida.

Si pasaste por las páginas de este libro, quizás hayas podido crear un espacio de reflexión y te hayas cuestionado si amar a cualquier precio realmente se justifica. ¿Hay un punto medio? Existe, aunque se nos escape. Es un punto de inflexión donde no sobrevaloras el amor ni te subestimas a ti mismo (te quiero y me quiero), donde ni el amor te aplasta ni tú lo ignoras: coexistencia pacífica entre el impulso a amar y el "yo" que se niega a desaparecer. Principios para no morir de amor, principios para no hacer del amor un lastre. El amor descontrolado y avasallador es un invento de los adictos. Puedes amar sin perder el norte ni perderte a ti mismo y aun así mantener vivo el fuego de la pasión. Los sobrevivientes de tantos amores irracionales, locos e impensables, lo ratifican a diario cuando logran amar sosegadamente.

Acércate a los principios, léelos, ensáyalos y hazlos tuyos, si así los sientes; incorpóralos a tu ser y mantenlos activos. Ellos te servirán como factores de protección, te harán menos vulnerable al sufrimiento amoroso.

Veamos las preguntas fundamentales que nos generan estas premisas y las respuestas posibles.

- ¿Ya no te quieren? Libérate del desamor, no supliques, vete con la frente en alto.
- ¿Quieres vivir con tu amante? Antes de tomar la decisión, piénsalo bien; sé realista y recuerda que no es lo mismo la vida de pareja que revolcarte en el placer una o dos veces por semana.
- ¿Vives sacrificándote para que tu pareja sea feliz? No es el camino; el amor es recíproco: opacarte para que el otro brille es una forma de suicido emocional.
- ¿Estás con alguien que aún no sabe o no ha decidido si te ama? Escapa lo más lejos posible; piérdete en la muchedumbre y empieza de nuevo, porque ese amor no te sirve y te arrastrará por años.
- ¿El poder afectivo lo tiene tu pareja? Desapégate, haz tu pequeña y maravillosa revolución, nivela el estatus; no olvides que el apego te idiotiza.
- ¿Quieres olvidar un amor enquistado, buscándote un reemplazo? Cuidado; a veces, el enredo se duplica y un clavo no saca otro, sino que lo hunde más: hay soluciones más elegantes, como un duelo bien llevado.
- ¿Tu pareja dice que te ama, pero su amor no se manifiesta por ningún lado? Revísalo todo, sacude la relación: si el amor que dicen profesarte no se ve ni se siente, no existe o no te sirve.
- ¿Has puesto a tu pareja por las nubes? Pues aterrízala antes de que se crea el cuento, porque amar no es santificar ni rendir pleitesía: no hagas un culto a la personalidad.

- ¿Amas a una persona mucho mayor o mucho menor que tú? Cabeza fría, así el corazón esté contento; sopesa bien la cuestión, que si el amor no tiene edad, los enamorados sí la tienen.
- ¿Qué hacer con la separación? Sacarle el mayor provecho posible, habiendo aprendido *lo que no quieres del amor*: lo que nunca quisieras repetir.

Cuando practiques lo suficiente y adoptes una visión más realista del amor, descubrirás que es posible amar sin salir lastimado. Tendrás claro que las personas que saben amar, simplemente, han tomado una decisión fundamental: no hay que vivir para amar ni morir en su nombre.

Máximas de supervivencia afectiva

- Bendito el desamor que les llega a los mal casados, a los mal emparejados y a los que se hacen daño en nombre del amor.
- Ayudar a la persona que amas, sin destruirte, es ayudar dos veces.
- Qué importa que te endulcen los oídos, si te amargan la vida.
- El poder afectivo lo tiene el que necesita menos al otro.
- No hay nada más placentero para una persona que sufre de apego que estar con otra más apegada.
- Si eres capaz de manejar tus tiempos, no sentirte "de nadie" y poder andar a solas por la vida, entraste al terreno del amor maduro.
- Si no te admiran, no te aman.
- La pareja, a veces, sobra y molesta, aunque la ames; hay momentos que son exclusivamente tuyos, que no están diseñados para nadie más.

- La independencia no es desamor; es renovación, es ser uno, a pesar del amor y por encima de él.
- Si alguien duda que te ame, no te ama.
- Si amar implica perder la libertad básica de sentir y pensar por tu cuenta, estás dominado o preso.
- El amor saludable no exige autocastigo.
- No hay que padecer a la persona amada, sino disfrutarla.
- En el amor, la valentía casi siempre empieza donde termina la esperanza.
- Decir que el dolor de la persona que amas no te importa porque es "estúpido", te hace estúpido.
- Un amor que te obliga a involucionar no es amor.
- La esclavitud afectiva no es una ficción: ocurre cuando el miedo a perder al otro hace que te olvides de tu persona.
- Nadie se resigna a la indiferencia: es preferible el dolor de la ruptura que un amor insensible.
- El apego es la incapacidad de renunciar a la pareja cuando debe hacerse, es decir, si ya no te quieren, si tu autorrealización se ve bloqueada o si tus principios se ven afectados.
- Desilusionarse de la pareja es un flechazo al revés.
- No te merece quien te lastima con intención.
- Ser uno con la persona que amas es dejar de ser tú.
- Un amor que te obliga a involucionar es un castigo.
- Si no saben que te quieren, ¿de qué te sirve ese amor?
- Cuando le rindes tributo a la persona que amas, eres súbdito y no pareja.
- El buen amor de pareja es recíproco; no milimétrico, sino justo: das y recibes.
- Es mejor un sufrimiento útil que una calma ficticia.
- Perdonar no es sufrir amnesia; es recordar sin dolor, y eso no se logra por decreto.

- No alimentes el poder de quien te explota afectivamente: tu debilidad (el apego) es la fortaleza del otro.
- Si tu ex te considera parte del pasado, que no sea parte de tu presente.
- Si no te amas a ti mismo, nadie te querrá.
- No importa cuánto te amen, sino cómo lo hagan.

Bibliografía

Barthes, R. (1998). *Fragmentos de un discurso amoroso*. México: Siglo XXI.

Bauman, Z. (2005). *Amor líquido*. Buenos Aires: Fondo de Cultura Económica.

Beck, A. T. (2005). *Con el amor no basta*. Barcelona: Paidós.

Buunk, B. P., y Dijkstra, P. (2004). Gender differences in rival characteristics that evoke jealousy in response to emotional versus sexual infidelity. *Personal Relationships, 11*, 395-408.

Comte-Sponville, A. (2001). *El amor, la soledad*. Barcelona: Paidós.

Courtin, J., Veyne, P., Le Goff, J., Solé, J., Ozouf, M., Corbin, A., Sohn, A., Bruckner, P., Ferney, A., y Simonnet, D. (2004). *La historia más bella del amor*. Barcelona: Anagrama.

Cox, R. E., y Barnier, A. J. (2003). Posthypnotic amnesia for a first romantic relationship: Forgetting the entire relationship versus forgetting selected events. *Memory, 11*, 307-318.

Diamond, L. M., Hicks, A. M., y Otter-Henderson, D. D. (2008). Every time you go away: Changes in affect, behavior and psychology associated with travel-related separations from romantic partners. *Journal of Personality and Social Psychology, 95*, 385-403.

Fernández-Abascal, E. G. (2009). *Emociones positivas*. Madrid: Pirámide.

Fisher, H. (1992). *Anatomía del amor*. Buenos Aires: Emecé.

Fisher, H. (2004). *Por qué amamos*. Madrid: Taurus.

Graham, J. M. (2008). Self-expansion and flow in couples' momentary experiences: An experience sampling study. *Journal of Personality and Social Psychology, 95*, 679-694.

Kleim, B., y Ehlers, A. (2008). Reduced autobiographical memory specificity predicts depression and post-traumatic stress disorder after recent trauma. *Journal of Consulting and Clinical Psychology, 76*, 231-242.

Knee, C. R., Patrick, H., y Lonsbary, C. (2003). Implicit theories of relationships: Orientations towards evaluation and cultivation. *Personality and Social Psychology Review, 7*, 41-45.

Kurdek, L. A. (1998). Developmental changes in marital satisfaction: A 6-year prospective longitudinal study of newlywed couples. En: T. N. Bradbury (Ed.), *The developmental course of marital dysfunction*. Nueva York: Cambridge University Press.

Lopes, P. N., Brackett, M. A., Nezlek, J. B., Schütz, A., Sellin, I., y Salovey, P. (2004). Emotional intelligence and social interaction. *Personality and Social Psychology Bulletin, 30*, 1018-1034.

Mikulincer, M., y Goodman, G. S. (2006). *Dynamics of romantic love*. Nueva York: The Guilford Press.

Mikulincer, M., y Shaver, P. R. (2007). *Attachment in adulthood.* Nueva York: The Guilford Press.

Ortega y Gasset, J. (2003). *Estudios sobre el amor*. Bogotá: Panamericana.

Pines, A. M. (2005). *Falling in love*. Nueva York: Routledge.

Riso, W. (2012a). *Ama y no sufras*. México: Océano.

Riso, W. (2012b). *¿Amar o depender?* México: Océano.

Riso, W. (2012c). *Amores altamente peligrosos*. México: Océano.

Riso, W. (2012d). *Los límites del amor.* México: Océano.

Rholes, W. S., y Simpson, J. A. (2004). *Adult attachment*. Nueva York: The Guilford Press.

Rokach, A., Moya, M. C., Orzeck, T., y Exposito, F. (2001). Loneliness in North America and Spain. *Social Behavior and Personality*, *29*, 477-490.

Schutte, N. S., Malouff, J. M., Bobik, C., Coston, T. D., Greeson, C., Jedlicka, C., Rhodes, E., y Wendorf, G. (2001). Emotional intelligence and interpersonal relations. *Journal of Social Psychology*, *141*, 523-536.

Sternberg, R. (1989). *El triángulo del amor*. Barcelona: Paidós.

Varela, P. (2004). *Amor puro y duro*. Madrid: La Esfera de los Libros.

Yela, C. (2000). *El amor desde la psicología*. Madrid: Pirámide.

Esta obra se imprimió y encuadernó
en el mes de abril de 2012
en los talleres de Edamsa Impresiones, S.A. de C.V.,
que se localizan en la calle de Av. Hidalgo (antes Catarroja) 111,
Fracc. San Nicolás Tolentino, México, D.F.